Literarische Streifzüge
Kopenhagen

Christoph Bartmann

Kopenhagen –
Stadt der Dichter

Literarische Streifzüge

Artemis & Winkler

Für Emma

Die Deutsche Bibliothek verzeichnet diese Publikation in der
Deutschen Nationalbibliographie; detaillierte bibliographische Daten
sind im Internet unter http://dnb.ddb.de abrufbar.

© 2005 Patmos Verlag GmbH & Co. KG
Artemis & Winkler Verlag, Düsseldorf und Zürich
Alle Rechte vorbehalten.
Druck und Bindung: Clausen & Bosse, Leck
ISBN 3–538–07202–7
www.patmos.de

Inhalt

Vorwort

Wer literarische Streifzüge durch Kopenhagen unternimmt, begegnet zwei Fußgängern von Weltgeltung. Hans Christian Andersen und Søren Kierkegaard haben die literarische Topographie dieser Stadt geprägt.

Gerade jetzt zehrt Kopenhagen wieder vom Nimbus seiner beiden Großen. Zwei Jubiläen sind zu feiern: Vor 200 Jahren wurde in Odense auf der Insel Fünen Hans Christian Andersen, der Märchendichter, geboren. Und vor 150 Jahren starb in Kopenhagen der Philosoph Søren Kierkegaard. Andersens Geburtstag gibt Anlaß zu der größten Dichterfeier, die Dänemark je erlebt hat. Die ganze Welt soll mitfeiern, und das ist nur legitim, denn die ganze Welt liest Andersen. Und des Feierns wird so bald keine Ende sein: 2013 steht schließlich Kierkegaards 200. Geburtstag an.

Aber es gibt noch andere Hauptfiguren auf Kopenhagens literarischer Bühne. Etwa Georg Brandes, den großen Literaturkritiker, oder N. F. S. Grundtvig, den Dichter und Theologen, oder einen Mann wie Dan Turèll, den Bohème-Poeten und Kriminalschriftsteller aus der Vorstadt. Vielleicht gehören sie Kopenhagen noch mehr, weil sie nicht auch noch der ganzen Welt gehören.

Solche Figuren sind das eine, ihre Orte das andere: Um literarische und zugleich alltägliche Orte geht es in diesem Buch. Um Orte wie den Tivoli, den Rathausplatz, die Langelinie, aber auch um die neuen Vorstädte, um Parks und Wälder und um Schauplätze weit vor den Toren der Stadt. Die meisten dieser Orte erreicht man leicht zu Fuß. Kopenhagen ist zu seinem Glück eine Fußgängerstadt geblieben, eine Stadt mit menschenfreundlichen Dimensionen, die ihre Modernität geschickt versteckt.

Diese Streifzüge zeichnen Doppelporträts: Porträts von Schriftstellern an ihren Lebensorten und Porträts von Orten in ihrer literarischen Spiegelung. Eine komplette Kopenhagener Literaturgeschichte kommt dabei nicht heraus, sondern gleichsam ein ambulantes Profil der Stadt in der Vielfalt ihrer Plätze und Stimmen. Nicht auf Systematik sind diese Streifzüge aus, sondern auf Momente, wo sich Orte und Bücher streifen. Mit jedem Anlauf, so hoffe ich, erschließt sich dem Leser ein neuer Aspekt des literarischen Weltpunkts Kopenhagen.

Mein Dank gilt allen Kopenhagener Gesprächspartnerinnen und -partnern und ganz besonders den Freunden Jan Bo Hansen, Hermann Schmid und Henning Vangsgaard für ihre Auskünfte, ihre Anregungen und Korrekturen. Herzlich danken möchte ich auch meiner Frau, Anja Tippner. Die Verantwortung für Fehler und Versäumnisse trage ich indessen ganz allein.

Kopenhagen, im September 2004
Christoph Bartmann

Kapitel 1

Sankt-Hans-Abend.
Die Freuden des Tiergartens

»So froh! So froh! / Quirilit! Quirilit!«
(Adam Oehlenschläger, *Sanct Hansaften-Spil*)

Städte haben, wie man weiß, ihre Himmelsrichtungen, gute, schlechte und solche, die es gar nicht gibt. An Kopenhagen fällt auf, daß es keinen Süden hat. Als noch die alten Wälle die Stadt einfaßten und vier Tore den Ein- und Auslaß regelten, hießen sie Nørreport, Vesterport, Østerport und – Amagerport. Den Süden hat man einfach unterschlagen. Hier finden sich Hafenanlagen, dahinter das *terrain vague* der Insel Amager und schließlich das offene Meer. Einen Osten gibt es allenfalls dem Namen nach, denn östlich liegt der Øresund (der Østerport ist viel eher ein Nord- als ein Osttor). Daß Kopenhagen einen Westen hat, wird keiner bestreiten. Aufs hiesige Gemüt hat er indes keine große Wirkung. Was bleibt, ist allein der Norden. Der Norden ist die Sehnsuchtsrichtung auf dem Kopenhagener Kompaß, und der Strandvej, den Øresund entlang hinauf nach Helsingør, deshalb so etwas wie der Boulevard der hiesigen Träume; eine Straße, gegen die selbst die Elbchaussee ein bißchen zweitklassig wirkt. Der Norden, das sind zunächst die diskret luxuriösen Wohnviertel von Hellerup und Gentofte, Charlottenlund und Klampenborg. Es ist eine Gegend des noblen Understatements, wo man den Skoda vor dem Haus parkt und der Jaguar in der Garage steht: Hier oben, im sogenannten »Whisky Belt« (was vornehmer ist und klingt als »Speckgürtel«), wohnen seit jeher die besseren Kreise, ob in funktionalistischen Bungalows der Arne-Jacobsen-Schule oder in patrizischen Villen aus älterer Zeit. Statt wie anderswo in Ausfallstraßen und Einkaufszentren auszufransen, geht die Stadt in eine noble Parklandschaft über, durch die sich zwischen Stadt- und Landschlössern die alten königlichen Achsen ziehen.

Unweit von Arne Jacobsens berühmter Wohnsiedlung Bellevue beginnt das weitläufige Areal des Dyrehave, der alten Königlichen Wildbahn; ein nationales Kleinod ersten Ranges, ja ein bis heute sprudelnder Quell dänischer Identität. Vergleicht man den Tiergarten mit seinem Namensvetter in Berlin, dann liegen seine Vorzüge auf der Hand. »Waldesfreiheit« empfindet Theodor Fontane im Kopenhagener Tiergarten, während das Berliner Gegenstück längst ein Park geworden sei. »Zunächst«, so Fontane weiter zum Lob des Dyrehave, »liegt er nicht vor den Toren der Stadt, sondern anderthalb Meilen davon entfernt, zum zweiten ist er viermal größer als sein Berliner Namensvetter, und zum dritten ist er noch ein wirklicher *Tier*garten, ein Jagdgrund, auf dem schlecht gerechnet 3000 Hirsche gehegt und gepflegt werden.« Und schließlich ist, was Fontane nicht weiter beschäftigte, der Dyrehave oder besser der Dyrehavsbakken, meist nur Bakken genannt, der älteste Vergnügungspark der Welt, ein populärer und anziehend altmodischer Rummelplatz.

Einmal im Jahr erwacht der Tiergarten zu seiner tieferen, einer geradezu kultischen Bestimmung. Die Rede ist vom Mittsommer und namentlich vom Sankt-Hans-Abend, dem 23. Juni. Die Kopenhagener, so fiel es Fontane auf, hingen »mit einer Hingebung an dieser Johannisfeier, daß man sich versucht fühlen könnte, etwas von einer altgermanischen Naturverehrung darin zu entdecken«. Ein Zug, den die Dänen mit ihren nordischen Brüdern teilen, die ebenfalls – und je nördlicher, desto heftiger – vom kurzen Taumel des Mittsommers erfaßt werden. Sie alle zögen in jenen Tagen hinaus, so Fontane, »um dem König Sommer zu huldigen«. Das ist auch notwendig, denn der König Sommer verhält sich launisch in diesen Breiten und hat sich oft genug schon Mitte August wieder verabschiedet. Zur Entschädigung gibt es einen hellen Juni mit langen Abenden und manchmal sogar linden Lüften. So ist die Zeit des Mittsommers eine Festzeit, gegen die Weihnachten, die zweite alljährliche Sonnwendfeier, ziemlich blaß daherkommt.

Es mag sein, daß heutigen Kopenhagenern die heidnisch-nordischen Implikationen ihres Tuns nicht mehr bewußt sind. Fest steht, daß der Sankt-Hans-Abend noch heute als Freudentag im dänischen Kalender steht. Dies ist der Abend, an dem Familien und Freunde nordwärts ziehen, dem Dyrehave und seinen Belustigungen entgegen, um dann den Abend bei einem Picknick oder in einem Gartenlokal ausklingen zu lassen, ob das Wetter nun mitmacht oder nicht. Um diesen Tag herum fangen die großen Ferien an, weitere helle Wochen im Freien stehen bevor, und das solcherart gesteigerte Daseinsgefühl drängt die Kopenhagener Seele zu einem Jauchzer, wie ihn Wärme und Helligkeit hervorbringen können, wenn diese nicht einfach gegeben sind, sondern nur für ein paar Tage gewährt werden. Raus aus den nassen, trüben, engen und muffigen Mauern der inneren Stadt! So wenigstens muß es den Bewohnern des alten Kopenhagen erschienen sein. Ein Rest von diesem Aufbruchsgeist gen Norden hat sich bei ihren Nachkommen erhalten.

Es wundert nicht, wenn eines der bis heute beliebtesten Werke der dänischen Literatur diesen Ort und diese Jahreszeit besingt. Es ist das *Sanct Hansaften-Spil* von Adam Oehlenschläger, dem dänischen Dichterkönig des romantischen Zeitalters, dem Goethe-Verehrer und Rhapsoden der nordischen Altertümer, der 1779 in Frederiksberg geboren wurde und 1850

Adam Oehlenschläger (1779–1850)

dort starb. Noch immer wird Oehlenschlägers jugendlich-genialisches Frühwerk hoch geschätzt. Nach einem zur Legende gewordenen nächtlichen Gespräch mit seinem Freund, dem Erzromantiker Steffens, legte Oehlenschläger 1803 einen Band namens *Digte* (»Gedichte«) vor. Darin finden sich das Versdrama vom Sankt-Hans-Abend und das Langgedicht »Die Goldhörner«, das in der dänischen Literatur ähnlich unverrückbar dasteht wie Schillers »Glocke« in der deutschen.

Im Prolog des *Sanct Hansaften-Spil* begrüßt ein Wandersmann von einem prähistorischen Grabhügel aus alle, die mitgekommen sind aus der grauen Stadt in die herrliche Natur. »In alten, kühlen Buchenwäldern« will man verweilen, »ein Schwarm von Alten und von Jungen / von Ausgelassnen und von Ernsten / von Armen und von Reichen ganz gemischt«. Der Sankt-Hans-Abend ist ein Angebot an alle. Schluß mit den Exklusiv-Vergnügungen des Adels, Schluß mit umzäunten Lustbarkeiten. Bei Oehlenschläger wird das Menschenrecht auf ungeregelte Freizeit proklamiert: Hier dürfen Menschen aller Klassen spazierengehen, Kaffee kochen, sich küssen, Gauklern und Akrobaten zuschauen; sie wollen essen und trinken und abends beseelt nach Hause gehen. Ganz so einfach ist es allerdings mit der Klassenlosigkeit dann doch nicht. Maria, ein Mädchen aus einfachem Haus, liebt den Grafen Ludwig. Weil aber Marias Mutter nicht an die Ernsthaftigkeit des gräflichen Werbens glaubt, wird Maria zu einer anderen Familie ausquartiert, um den Kontakt zu unterbinden, was jedoch nicht ganz gelingt. Dann, am Sankt-Hans-Abend, fährt die Familie mit Maria hinaus in den Tiergarten. Den Liebenden ist es gelungen, ein Rendezvous an Kirsten Piils Quelle zu verabreden, jener Quelle, mit deren heilbringendem Wasser im Jahre 1583 der gesamte Tiergarten-Kult seinen Anfang nahm. Um unerkannt zu bleiben, gibt sich der Graf als Provinzler von der Insel Langeland aus und unterhält Marias Pflegefamilie mit allerlei Possen – ehe dann am späteren Abend die beiden Liebenden endlich zueinanderfinden. Als die Stunde naht, da sie sich wieder trennen müßten, tritt der »Genius der Liebe« in Erscheinung und entführt sie auf die Insel der Glückseligkeit. Das Ancien régime ist, wenigstens in der Liebe, besiegt, die Philister und Frömmler sind in die Flucht geschlagen. In Oehlenschlägers Tiergarten waltet ein Geist des Überschwangs, verbunden mit Spott auf alle Ängstlichen und Braven.

Als Pantheist fand Oehlenschläger Götter in allen Bäumen, vor allem aber in den Buchen. Die Buche ist Dänemarks Nationalbaum, die Antwort vielleicht auf die deutsche Eiche. Und selbst wenn ihn ihm genauso viele Eichen wachsen, kann der Dyrehave als Inbegriff eines dänischen Buchenwaldes gelten. Unweit der Quelle der Kirsten Piil stand »Oehlenschlägers Buche«, der Baum, in den der junge Dichter nach gut romantischer Sitte seinen langen Namen eingekerbt hatte. Sein Leben lang pilgerte Oehlenschläger zu Sankt Hans mit seiner Familie in den Tiergarten. Seine Tochter erinnerte sich später an den Brauch: Mit reichlich Proviant hatte man sich erst an die Quelle begeben und das Quellwasser, vermischt mit Weißwein und Zucker, genossen. Abends aß man dann richtig, und zwar in der Eremitage, dem Jagdschloß Christians VI. Und stets besuchte man die Buche, in deren Rinde Oehlenschläger 1793 als Vierzehnjähriger den ersten Buchstaben seines Nachnamens geritzt hatte – und Jahr für Jahr einen weiteren, bis das Werk nach vierzehn Jahren und Buchstaben beendet war. Um die dichterische Inschrift zu bewahren, wurde der Baumstamm später mit einer Art Gitter versehen, das ihn gut zweihundert Jahre vor allen Gefahren schützte.

Wer heute durch den Tiergarten streift, sieht einen Trümmerwald. Totholz in Unmengen liegt überall herum, ein gut Teil der Bäume ist entwurzelt oder umgeknickt. Was man hier an Schäden sieht, sind die Folgen des Orkans »Lothar«, der im

Dezember 1999 auch über Dänemark hinwegzog und eine Schneise der Verwüstung durch das Land schlug. Auch Oehlenschlägers Buche, auf deren vergebliche Suche ich einen halben Tag verwendet hatte, ist damals umgestürzt. Die Rinde mit der Inschrift wurde gerettet und wird seit der Konservierung im Museum von Hørsholm gezeigt. Doch das ist nicht mehr die alte Buchenherrlichkeit, mit der Oehlenschläger eine ganze Nation angesteckt hat und die in seinem Gesang »Der er et yndigt land« (»Es liegt ein lieblich Land«) von 1819 bleibenden Ausdruck gefunden hat. Bis vor wenigen Jahren fungierte das Lied als inoffizielle Nationalhymne Dänemarks, die man etwa in Fußballstadien mit Hingabe sang. Weil es so volkstümlich ist, wurde Oehlenschlägers Lied vor einiger Zeit sogar in den Rang einer offiziellen Hymne erhoben. In deutscher Übersetzung lautet ihr Text wie folgt:

Es liegt ein lieblich Land / Im Schatten breiter Buchen / Am salz'gen Ostseestrand / An Hügelwellen träumt's, im Tal, / Alt-Dänemark so heißt es, / Und ist der Freja Saal.

Dort saßen in der Vorzeit / Die behelmten Kämpfer / Und ruhten sich vom Streite aus / Dann wehrten sie die Feinde ab, / Nun ruhet ihr Gebein / Drüben bei dem Hügelgrab.

Oh ja, das Land ist schön! / So blau die See der Belte, / Das Laub, es grünt hier grün / Und schöne Mütter, edle Frauen, / Männer und gescheite Knaben / Bewohnen unsrer Inseln Auen.

Für Krone und das Vaterland! / Für jeden einzeln' Bürger, / Der arbeitet, was er kann! / Unser altes Dänemark besteh für immer, / So lang die Buche / Ihre Krone im blauen Wasser spiegelt.

15

Oehlenschläger hat fraglos stärkere lyrische Momente gehabt als diesen. Freilich sind anderer Nationen Hymnentexte meist nicht besser. Jedenfalls läßt sich dem vaterländischen Gesang einiges über das Wunschbild ablesen, das sein Autor stellvertretend für viele andere von Dänemark hegt. Sein Dänemark ist lieblich und heroisch zugleich, es hat idyllische ebenso wie kriegerische Züge. Es ist (und war es tatsächlich in jener Zeit) so etwas wie das Museum der nordischen Altertümer, ein Ort, in dem die blutigen Schlachten der altnordischen Recken zwar nicht geschlagen, wohl aber, materiell und im Gedächtnis der Philologen, aufbewahrt wurden. Nun sind die alten Kämpen tot und ruhen in ihren Hünengräbern, indes eine neue Generation durch Fleiß, Sitte und Vaterlandsliebe ihr Auskommen findet. Und all das geschieht »im Schatten breiter Buchen«, unweit des Ostseestrands, genauer in den Wäldern des nördlichen Kopenhagen, in »Freyas Saal«, dem mythologischen Zaubergehölz der Nation.

Heutzutage scheint Oehlenschlägers Buchen- und Hünen-Hymnus nicht ganz unumstritten zu sein. Wie sonst hätten wir den Aufruf eines Lehrers namens Finn William Larsen zu verstehen, der dieser Tage in der Tageszeitung *Politiken* zu lesen war und in dem die Forderung erhoben wird, Oehlenschlägers Hymne durch H. C. Andersens Lied »I Danmark er jeg født« (»In Dänemark bin ich geboren«) zu ersetzen? Schluß mit den heidnischen Altertümern, fordert der Autor, weg mit Hünengräbern und Runensteinen und hin zu einem vielleicht doch etwas heutigeren Dänemark und zu Werten wie Christentum und Demokratie. Aber bietet denn der Andersen-Gesang von 1850 ernstlich eine Alternative? Strophe eins beginnt mit dem Bekenntnis des geborenen Dänen zu seinen Wurzeln und zu seiner Sprache, der Stimme seiner Mutter, so süß und zu Herzen gehend. Dann aber geht es schon wieder mit Hünengräbern los, und was hören wir in Strophe zwei? »Wo steht der

Vollmond über Kleewiesen / so schön wie im Vaterland der Buchen?« Womit wir wieder bei Oehlenschläger wären. So leicht kommt der dänische Patriotismus, wenn er zum Liedgut wird, ohne Buchen und Recken eben doch nicht aus. Neu bei Andersen ist dann eigentlich nur die Liebeserklärung an die eigene Sprache, artikuliert in Strophe vier: »Du Land ... in dem die Sprache meiner Mutter weiche Stimme ist / und wie Musik mein Herz anspricht«. Wie wir es nun drehen und wenden: Es *ist* und bleibt ein lieblich Land, und nirgendwo anders wird einem das so deutlich wie im Dyrehave, der begehbaren Nationalhymne von Dänemark.

Kapitel 2

Andersens Fußreise. Von Holmens Kanal zur Ostspitze von Amager

> »Da trat Amager als der beste Tummelplatz vor mein
> junges brausendes Blut, diesen Weg schien noch kein
> poetischer Reiter genommen zu haben.«
> (Hans Christian Andersen, *Fußreise von Holmens Kanal
> zur Ostspitze von Amager in den Jahren 1828 und 1829*)

Manch einer saugt Andersens Märchen mit der Muttermilch auf, mir dagegen wurde der Mann erst richtig teuer, als mir ein merkwürdiges Büchlein in die Hände kam, kein Märchenbuch, kein Roman, kein Traktat, sondern eine romantische Kapriole mit dem langen Titel *Fußreise von Holmens Kanal zur Ostspitze von Amager in den Jahren 1828 und 1829*. Es ist nicht das erste Buch von Andersen, aber der Durchbruch des Vierundzwanzigjährigen beim größeren Publikum. Nebenbei hat dieses kleine Werk den Vorzug, ein Stadtführer zu sein, oder eigentlich ein Aus-der-Stadt-Führer, aus dem königlichen Kopenhagen hinaus ins Niemandsland, auf die vorgelagerte Insel Amager. Überlassen wir einstweilen die Kleine Meerjungfrau sich selbst oder den sie zu jeder Zeit umzingelnden Touristen und ziehen wir nächtens mit Andersen auf und davon. Was der junge Dichter da 1829 erscheinen ließ, ist wohl der erste »Københavnerroman«, der erste Roman, in dem die Stadt Kopenhagen zum Thema wird. Zwar haben wir's mit einer wohlbekannten und klar umschriebenen Wirklichkeit zu tun, doch in der Silvesternacht wird sie zur Beute einer toll gewordenen Phantasie.

Schon der Titel verrät etwas von der Sorte Schalk, der Andersen bei diesem Buch im Nacken sitzt. Nicht von einer zweijährigen Expedition in entlegene Gefilde erzählt sein Buch, sondern von den Launen einer Winternacht, in welcher ein junger Mann allein in seiner Dachstube sitzt und hinaus auf schneebedeckte Häuser blickt. »Da fuhr der böse Geist, der da Satan heißt, in mich und blies mir den sündigen Gedanken ein: werde Schriftsteller!« Am Anfang der dichterischen Laufbahn von Hans Christian Andersen steht der reine Mutwille: Ich will ein Dichter werden. Ich will, daß man von mir spricht. Ich will meine unedle Herkunft vergessen machen. Die Kinder sollen an meinen Lippen hängen, die Damen und Herren mich lieben und verehren. Der Traum wurde wahr. Er erfüllte sich so vollkommen, daß er Andersen später als das »Märchen meines Lebens« erschien.

Bevor wir Andersen und seinem Satan folgen, ist ein Blick in die Vorgeschichte des jungen Mannes angezeigt. Soeben ist eine tausendseitige Andersen-Biographie aus der Feder des Kritikers und Journalisten Jens Andersen erschienen, die diesbezüglich keine Wünsche offen läßt. Andersen (der Biograph) läßt seine Lebenserzählung mit der zweiten Geburt des Helden beginnen, mit der Ankunft des Vierzehnjährigen im Kopenhagen des Jahres 1819. Ein seltsam unkindliches Kind hatte sich allein von Odense auf den Weg in die Hauptstadt gemacht, um, als was auch immer, zu reüssieren – als Schauspieler, Tänzer, Rezitator, zur Not als Dichter. Es ist verblüffend zu sehen, wie sich sogleich die führenden Persönlichkeiten des »Goldenen Zeitalters« – der großen dänischen Biedermeierzeit – anerbieten, dem edlen Wilden aus der Provinz als Mäzen und Erzieher zur Seite zu stehen. Deutsch soll er lernen und Latein, Fechten, Tanzen und vieles mehr und auf solche Art beweisen, daß die Entwicklung des Individuums durch umsichtige Schulung geradezu programmiert werden kann. Collin der Ältere,

Rahbek, Baggesen und andere Geister der Epoche nehmen sich des jungen Andersen an, dessen Traum das Theater ist, die Welt des Applauses und der Szene. »Schon damals war Andersen ein großer *Poseur*«, schreibt sein Biograph, aber sein ganzes Posieren hilft nicht gegen mangelndes Schauspieltalent. Die Ausbildung zum Mimen schlägt fehl, doch Andersen ist keiner, der sich entmutigen läßt. Seine Hartnäckigkeit und Penetranz, seine Bereitschaft, sich um des Ruhmes willen notfalls lächerlich zu machen, kennt keine Grenzen. Auch wenn es zum Tanzen und Schauspielern nicht reicht, erzählen und erfinden kann er ganz bestimmt. Der Theaterdirektor Jonas Collin, Andersens großer Mentor, will den Talenten des jungen Mannes zum Durchbruch verhelfen. Mit Mitteln aus der königlichen Schatulle wird der junge Andersen in die Schule gesteckt. Fünf schwere Jahre verbringt er in den Lehranstalten des strengen Rektors Meisling in den Lateinschulen von Slagelse und Helsingør, bei einem Mann, der es darauf abgesehen hat, seinem Zögling die poetischen Flausen auszutreiben. Als Antidot wird ihm die ganze Bandbreite des Schulwissens verabreicht, eine Mitgift, von der Andersen sein Dichterleben lang zehren sollte und die es ihm ermöglichte, mit Philosophen, Theologen und Naturforschern auf Augenhöhe zu verkehren. Wenn er dennoch Poesie verfaßte, so geschah es heimlich, denn sein Lehrmeister ließ solche Verstöße gegen die Vernunft nicht zu. Erst als Andersen dem Trübsinn zu verfallen droht, beschließen seine Gönner, ihn aus den Klauen des Rektors zu befreien. Endlich darf er zurück nach Kopenhagen, und nun will er Dichter sein. Keine Lehrer und keine Gönner können ihm dabei mehr helfen, sondern allein der Satan der Poesie.

Es ist ein verrücktes Buch, mit dem Andersen seine Anwartschaft auf den literarischen Thron von Dänemark anmeldet. Der Wille ist da, was allein noch fehlt, ist ein Thema; doch den Mangel macht Andersen mit seinem Erzähltalent doppelt

Hans Christian Andersen (1805–1875)

wett. Hinaus also aus der kleinen Stube in der Silvesternacht, und hinein in die eingebildeten Abenteuer des nächtlich verschneiten Kopenhagen. Aber gleich tun sich schwerwiegende Entscheidungen auf: Wohin genau? Nach Amager, heißt der Entschluß, hinaus in die unerforschten Gelände der Poesie. Hinaus über die Brücke, weiter durch Christianshavn bis zum Stadttor (dem Amagerport) und dann nur noch geradeaus, bis es nicht weitergeht. Ist das nicht wirklich eine Weltreise, immerhin »über Seeland hinaus und über die Salzsee«? Man geht den Weg bequem in ein paar Stunden und erlebt dabei in der Regel nur ein Bruchteil dessen, was Andersen auf seiner Fußreise widerfährt. Denn dies ist vor allem eine Reise in die erhitzte literarische Imagination. Gleich bei Holmens Kirke stellen sich ihm zwei weibliche Wesen in den Weg: »Die eine kam von der Börse und glich in der Kleidung einer Amagerbäuerin, aber ihre Augen, der rote Kirschenmund und die schlanke Taille konnten der ersten Heldin eines Romans gehören. Am Arm trug sie einen Korb mit Früchten und köstlichen Pfefferkuchenfrauen, denen der Bäcker satirisch genug an der Stelle eines Herzens eine Bittermandel eingedrückt hatte. – Die andere Dame war groß und bleich, eine sterbende Helene, in deren Augen man deutlich den letzten Akt einer Tragödie lesen konnte.«

Ob der Fußwanderer über die Knippelsbro, fragt die eine, ob er über die Langebro gehen wolle, fragt die andere. Eine heikle Alternative, denn die erste der allegorischen Damen verkörpert die Prinzipien der Klassik und die zweite jene der Romantik. Nach einigem Hin und Her ergreift der romantisierende Wanderer die Hand der großen Bleichen und eilt mit ihr davon. Aber schon ist die Dame verschwunden, und der junge Mann stürzt neuen Phantastereien entgegen. Als Nächstes steht ein Blick in die Zukunft auf dem Programm, vom Schloßturm aus auf das Kopenhagen des Jahres 2129: »Jedes Gebäude schien ein Palast zu sein. Die Stadt war bedeutend erweitert: Der Wall umschloß jetzt auch den Peblingesee, den grüne Alleen umgaben. Die fertig gebaute Marmorkirche reckte ihre kupferrote Kuppel im Mondschein«, und der »Hafen wimmelte von fremden Schiffen und überzeugte mich von Dänemarks Gedeihen«. Luft-Dampfschiffe erfüllen den Himmel, der junge Nachtwandler fühlt sich mit einem Mal wie ein »kleiner Schattenpunkt, der da kommt und schwindet, ohne die geringste Spur zurückzulassen auf einer Kugel, die nur ein Atom ist im großen Weltraum«. Schon immer hatte sich Andersen für Technik begeistert. Als Kind des 19. Jahrhunderts war er vom Glauben an den Fortschritt beseelt. Von ferne erinnert einen der junge Andersen an Jules Verne, der sich ebenfalls von Kopenhagener Türmen aus die Stadt ansah und besonderen Gefallen am gedrechselten Turm der Erlöserkirche fand, die er dann in seiner *Reise zum Mittelpunkt der Erde* verewigen sollte.

Fast ein Wunder bei all den Abschweifungen, daß der Fußreisende irgendwann doch über die Brücke nach Christianshavn findet. »Mit raschen Schritten näherte ich mich dem Wallgraben«, als unversehens, es ist inzwischen eine Stunde vor Neujahr, ein alter Fuchs von der Wallmauer herab eine Rede an den jungen Dichter hält, deren Tenor – »O mein Sohn, du hast Talente, große Talente …« – ihm wie gerufen kommen muß. Aber dann ist der Fuchs auch schon die Wallmauer hinuntergefallen, und es tut sich, wie im Vergnügungspark, die nächste Attraktion auf, der Blaue Turm, der sich zu nachtschlafender Stunde als Deklamator betätigt und mit kraftvoller Stimme Hamlets Monolog aufsagt: »To be or not to be that is the question.«

Es nähert sich die Mitternacht und mit ihr das neue Jahr, das Jahr 1829. Während der Wanderer noch auf der Brücke steht, die über die Wallanlagen hinaus nach Amager führt, erscheint aus einer Schlechtwetterwolke das Abbild Ludwigs des Vier-

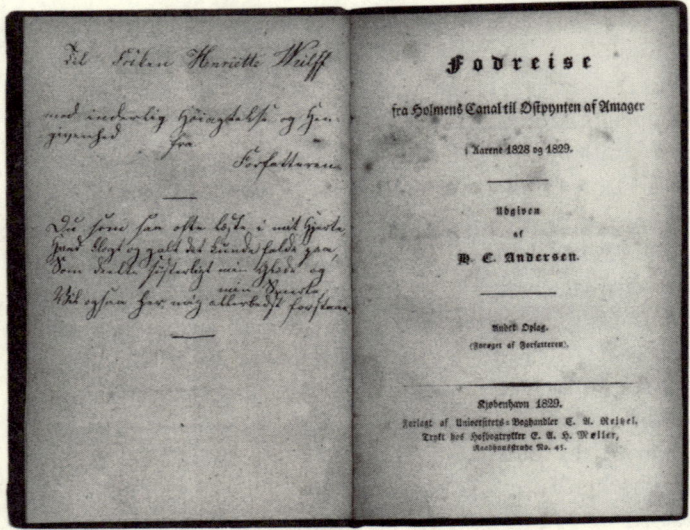

Originalausgabe von H. C. Andersens Fußreise, *1829*

zehnten. Ein Arsenal von Phantasiefiguren schüttelt Andersen aus seinen unerschöpflichen Ärmeln, aber sind nicht zu viele Einfälle des Dichters Tod? Damit soll ab sofort Schluß sein. Jenseits des Walls werde er aufhören, »auf den holperigen Seitenwegen der Phantasie herumzuflackern«, sondern fortan »die ebene Landstraße der Vernunft längs der Reeperbahn« gehen. Die Reeperbahn, das war, hier wie andernorts, die Straße der Reeper oder Seiler, was das Schnurgerade ihres Verlaufs erklärt.

Schon beim Abstieg vom Wall kommt der gute Vorsatz in Gefahr, als ein schlafender Wächter den Weg versperrt. Das Tor sei zu, verrät der Wächter nach dem Erwachen, denn alle Kopenhagener Stadttore schlossen (mit einer Ausnahme, dem Nordertor) um Mitternacht, und die Schlüssel wurden auf der Hauptwache hinterlegt. Wenn der alte Nachtwächter trotzdem

das Amagertor zu öffnen weiß, dann hat er offenbar einen Generalschlüssel für ganz Kopenhagen, ja einen Dietrich zum Himmel und wird am Ende womöglich Sankt Peter sein? »Was wird der Leser sagen?« ruft der Fußgänger, an den Nachtwächter und an uns gerichtet aus, »Ihr ganzes Auftreten ist zu unmotiviert«, aber wenn uns das störte, hätten wir nicht bis hierher gelesen. Zur Strafe für seine exzessive Einbildungskraft findet sich der Wanderer mit einem Mal im Vogelbauer einer alten Frau wieder, in welcher er die Amagerbäuerin wiedererkennt. Sie war es, deren Angebot er verschmähte, als er zu Beginn am Scheidewege zwischen Klassik und Romantik stand. Wie eine Wiedergeburt des grimmen Rektors Meisling will sie ihn von allen Hirngespinsten erlösen und ihm als strenge Gouvernante die Schriftstellerei abgewöhnen; ein Kampf, den schon der Rektor verlor und den auch die alte Hexe nicht gewinnen wird. Durch lautes Rezitieren von Poesie gelingt es dem jungen Mann, sie derart zu entnerven, daß sie den Bauer öffnet und ihn ziehen läßt. »Ich war wieder frei.«
Und so kapriolt sich dieser Fußweg noch über manche Seite, bis er schließlich, an der Ostspitze von Amager, zum angekündigten Ende kommt. »Ich stand dicht am Strande. Nun war mein Spaziergang nach Amager vorbei, doch niemals hatte ich größere Lust gefühlt, zu reisen.« Endlich reisen, wie die großen Weltreisenden! Aber wohin sollte es von hier aus weitergehen, nach Schweden vielleicht über den kalten Sund? Wie wäre es mit einer kleinen Segeltour zum wüsten Eiland Saltholmen? Kaum aber hat der Wanderer ein Boot bestiegen, das ihn hinüberbringen soll, fährt aus der See ein ungeheuer häßlicher Wassermann hervor. Wo andere Wassermänner ihre Schuppen haben, ist sein Schwanz mit Buchrücken gespickt. Im Namen der Leser und des gesunden Menschenverstandes fordert der Wassermann, daß es nun ein Ende haben müsse. Genug ist genug, sagt der Wassermann, und er muß es wissen: Er ist im

Hauptberuf ein Rezensent. Und wie der schlaue Andersen schon zuvor alle denkbaren Einwände selbst formuliert und damit entkräftet hat, so nimmt er den Kritikern, die sein Buch verreißen könnten, zuletzt auch den noch verbliebenen Wind aus den Segeln. »Ihr ganzer ›Spaziergang‹«, so urteilt der Wassermann-Rezensent, »ist ein Chaos verwirrter Ideen, aufgewärmter Reminiszenzen und bestenfalls ein mißlungenes Märchen.« Und weiter: »An Ihnen und Ihrem Buch ist nichts. Aus Ihnen wird nie etwas.« – »Geben Sie mir Gründe«, fleht der junge Skribent, doch der Rezensent, ganz Gottvater, erwidert nur: »Wann haben Sie je gehört, daß Leute meines Schlages Gründe angeben.« Ende der Geschichte, an welchem der junge Witzbold nur für einen kurzen Moment um seine Fassung ringt – er zweifelt ja keine Sekunde ernstlich, daß er zum Dichten bestellt ist. Dann noch ein Scherz zum Abschied: Wer das Schlußkapitel hören wolle, das zu schreiben er nach der Begegnung mit dem Wassermann keine Lust mehr verspürte, der solle sich doch bitte morgens zwischen acht und neun in seiner Wohnung einfinden, wo er es gern mündlich vortragen werde. »Adieu!« So spricht, so schreibt der Märchenerzähler Hans Christian Andersen.

Nur wenige sind Andersens Fußweg in den 175 Jahren, die seit der Entstehung des Buches vergangen sind, nachgegangen. Warum auch? Amager, diese flughafennahe Ansammlung von Schrebergärten, Einkaufsmärkten, sozialem Wohnungsbau und Tankstellen, ist nicht eben für seine Reize berühmt. Zwar klingen Straßennamen wie »Amager Strandvej« romantisch, aber so richtig lädt hier auch der Strand nicht zum Verweilen ein. Amager ist die Rückseite von Kopenhagen, einst ein freies Feld, wo Obst und Gemüse gezogen wurden, heute eine weithin zersiedelte Brache.

Auf seine Weise ist Amager trotzdem malerisch geblieben. Noch gibt es die volkstümlich-vorstädtische Seite dieses Stadt-

teils. In Amager ist Platz. Für Herrenfriseure, Kramläden, Weinstuben, Kung Fu-Schulen, Fußpflegesalons (Kopenhagen hat solche Salons in reicher Zahl) und für Bodegas. Bodega nennen sich in Kopenhagen die verräucherten Wein- und Bierstuben, die jetzt nach und nach aussterben, meist in dunklem Holz getäfelte Etablissements, deren Speisekarte kaum über Erdnüsse hinausgeht. Bestellt wird grundsätzlich am Tresen. Bedienung findet hier nicht statt, und keiner vermißt sie. Das ist die eine Seite von Amager. Unweit davon putzt sich Andersens Reiseziel zur Boomtown des 21. Jahrhunderts heraus. Nahe am Flughafen und der Brücke über den Sund entsteht Ørestad, ein ganz neuer Stadtteil für die Branchen und Menschen von morgen. Andersen hätte es dort gefallen, er mochte ja die Zukunft. Schaut man etwa von Helgoland Strand mit seinen Windsurfern hinaus auf den Sund, dann erkennt man bei klarem Wetter das schwedische Atomkraftwerk Barsebäk, ewiger Stein des Anstoßes im traditionell kernenergiefreien Dänemark. Gut paßte das Atomkraftwerk in Andersens Vision vom Kopenhagen des Jahres 2129, in welcher sich der Betrachter fühlte wie ein »kleiner Schattenpunkt, der da kommt und schwindet, ohne die geringste Spur zurückzulassen auf einer Kugel, die nur ein Atom ist im großen Weltraum«. Der Märchenerzähler hing nicht am Hergekommenen, wohl auch weil er die Wahrheit seiner eigenen Herkunft kannte, und die war dürftig. Ihn faszinierten die Wissenschaften und die Philosophie, aber trotzdem wollte er vom Kinderglauben nie ganz lassen. Naivität, Wissen und Optimismus gingen bei ihm eine fruchtbringende Fusion ein. Hans Christian Andersen hat es verdient, daß man ihn feiert, und schaute er aus einem Heißluftballon auf das Kopenhagen dieser Jahre, dann würde es ihm gefallen. Feiern ließ sich der Dichter nämlich gern.
Eigentlich ist jedes Jahr in Dänemark auf die eine oder andere Weise ein Andersen-Jahr. Das Andersen-Jahr 2005 jedoch stellt

alles Dagewesene in den Schatten. Das Festkomitee in Odense, dem Geburtsort des Meisters, kündigt Feierlichkeiten an, wie die Welt sie noch nicht sah. Mit 240 Millionen Kronen aus öffentlichen und privaten Mitteln wird weltweit, von China bis Südamerika und erst recht in Dänemark, ein Andersen-Feuerwerk gezündet. Auf einem schwimmenden Ponton vor der Kleinen Meerjungfrau nimmt ein Musical seinen Lauf, Bille August dreht einen Film, Elvis Costello liefert eine Song-Revue, Frank Castorf (so ist es geplant) einen schrägen Theaterabend. Alle feiern, und nur die Eventmüden, die noch immer glauben, daß Andersens Werke am besten zur Wirkung kommen, wenn man sie des Abends den Kindern vorliest, stehen abseits. Ist das nicht zu viel Tanz um einen Märchendichter? Im Jahre 1999, sagt Lars Seeberg, der Festspielleiter, habe er die Goethe-Feiern in Weimar miterlebt. Da habe er sich vorgenommen, ein solches Fest, nur größer und schöner, auch für Andersen auszurichten. Schließlich sei Andersen größer als Goethe. Aber nur als Märchenerzähler, würde ich entgegnen, aber das will in Dänemark wohl keiner hören. Außerdem, was heißt schon Märchenerzähler? Hat uns nicht Andersen so sagenhaft hellsichtige Erkundungen der sozialen Welt geschenkt wie beispielsweise *Des Kaisers neue Kleider*? Gerade erst haben die Leser der Tageszeitung *Berlingske Tidende* Andersen zum größten Dänen aller Zeiten gewählt, mit weitem Abstand vor Niels Bohr und Søren Kierkegaard. Unser Größter ist kein Politiker, kein Adenauer oder Churchill, wie es den Deutschen oder Briten einfiel, kommentierte der Chefredakteur, sondern ein Künstler und Mann des Wortes, und das sage etwas aus über Dänemark. Wie auch immer, Andersen ist ein Weltphänomen. Allein in China sind seine Märchen in ein paar hundert Millionen Exemplaren verbreitet, und wer wollte ähnliches von Goethe sagen? Glückliche Nation, die einen Andersen hat, einen Märchenerzähler für die ganze Welt.

Kapitel 3

Der schönste Ort der Welt.
Auf dem Assistens Kirkegaard

»… alle Toten heißen Hansen, Nielsen, Andersen, Larsen,
Sörensen, Baggesen, Nansen, Michaelis, Jacobsen, Jensen,
Petersen.«
(Egon Erwin Kisch)

Auf dem Assistens Kirkegaard ist es immer schon lebhafter
und pietätärmer zugegangen als auf anderen Friedhöfen. Im
19. Jahrhundert war es üblich, daß die Leute von Nørrebro an
freien Tagen mit Kind und Kegel auf den Friedhof pilgerten,
sich am Eingang eine Flasche Aquavit besorgten und dann sin-
gend und tanzend zwischen den Grabsteinen herumzogen.
Dazu spielten Musikanten mit Klarinetten und Leierkästen,
kurz, es herrschte eine Stimmung wie auf dem Jahrmarkt. Von
einem »Sammelplatz der havarierten Existenzen dieser Welt«
spricht ein erboster Beobachter im Jahre 1890, von »einer Belu-
stigungsstätte der verwerflichsten Art«, auf welcher sich das
örtliche Gesindel sonntageweise essend, rauchend und trin-
kend amüsiere – unter tätiger Mitwirkung der Totengräber, die
nicht nur den Schnaps zu diesem Spektakel verkauften, sondern sich auch noch ein Zubrot als Grabräuber verdienten.
Damals überlegte man, den Friedhof vollends in einen Lust-
garten zu verwandeln. 1880 legte man für alle Gratis-, also
Armenbegräbnisse einen neuen Friedhof draußen in Valby an,
den Vestre Kirkegaard. Der Assistens Kirkegaard sollte nach
weiteren hundert Jahren geschlossen werden. Um 1980 war der
Friedhof so weit verfallen, daß man die endgültige Schließung

29

erwog. Dann aber muß man begriffen haben, welch ein nationales Kleinod dieser Friedhof ist; ein grünes Mausoleum des Goldenen Zeitalters, der großen Jahre zwischen 1815 und 1848. So begann man den Friedhof aufzuräumen und verschob die Schließung auf das Jahr 2020. Inzwischen hat man das Ganze noch ein weiteres Mal überdacht: Jetzt dürfen hier, zumindest in einigen Arealen, mindestens bis zum Jahr 2150 Begräbnisse stattfinden. Schnaps wird nicht mehr ausgeschenkt. Man müßte einmal die Toten fragen, welche Art des Totenkults *sie* eigentlich bevorzugen. Für manche Lebenden kann es wenig Schöneres geben, als an einem warmen Maitag mit einer Kiste Carlsberg-Bier auf dem Friedhof zu sitzen. Mit einer Kiste auf der Kiste, denn der Sarg heißt dänisch »ligkiste«, Leichenkiste also, und das hat etwas beruhigend Handfestes.

Jørgen Schrøder heißt der Mann, der sich die Erforschung des Assistens Kirkegaard zur Lebensaufgabe erkoren hat. Er hat Filme und Radiosendungen über den Friedhof gemacht und soeben ein Buch mit der Summe seines Wissens veröffentlicht, *Historier fra Assistens* (»Geschichten vom Assistens«). An Wochenenden führt Jørgen Schrøder, ein temperamentvoller Herr im Rentenalter, Besucher über den Friedhof. Assistens Kirkegaard, das geht dem Kopenhagener so vertraut über die Lippen, uns Fremden aber muß erst einmal erklärt werden, was es mit den Wörtern Assistens und Kirkegaard auf sich hat. Liegt nicht auch Kierkegaard auf diesem Kirkegaard? Herr Schrøder ist auf solche Anfängerfragen vorbereitet. Assistens, so erfahren wir, heißt dieser Friedhof, weil er – um 1760 – zur Entlastung der innerstädtischen Begräbnisstätten errichtet wurde. Die Toten müssen aus der Stadt, hieß es, und Nørrebro lag damals auf dem Land, ein offenes Gelände mit Gärten, Gütern und Exerzierplätzen. Zunächst war Assistens ein Friedhof für die Armen, und erst, als sich 1785 ein richtiger Kanzleirat dort zur Ruhe betten ließ, wurde der neue Friedhof

Das Familiengrab der Kierkegaards

salonfähig und allmählich zur bevorzugten Ruhestätte, ja zum
Modefriedhof des Goldenen Zeitalters.
Eine kurze Übersicht nach Abteilungen. Abteilung A: die
großen Maler und Bildhauer des Goldenen Zeitalters, Købke,
Wiedewelt und Bissen, aber auch der Verleger Gyldendal (bis
heute Dänemarks größter Verlag). Und vor allen anderen
Søren Kierkegaard. Abteilung B: Hier findet man Kierkegaards
zeitweilige Verlobte Regine Olsen an der Seite ihres späteren
Mannes Frederik Schlegel, dazu bedeutende Verleger, Autoren und Senffabrikanten, aber auch Kopenhagens literarisches Enfant terrible Dan Turèll (1946–1993). Abteilung C:
noch mehr große Maler, Eckersberg, Abildgaard. Abteilung D:
der Generalgouverneur der Dänisch-Westindischen Inseln,

31

»Massa« Peter von Scholten, und andere Helden aus Dänemarks kurzer Kolonialära. Abteilung E: die Wissenschaften, namentlich der große H. C. Ørsted, Entdecker des Elektromagnetismus. Unweit von ihm Kierkegaards Freund, der Dichter Møller, und noch mehr große Maler aus dem Goldenen Zeitalter wie Skovgaard und Marstrand (bei Christies's und Sotheby's kennt man ihre Namen). Abteilung F: Politiker und Bischöfe. Dann hört es mit der Ordnung der Abteilungen allmählich auf. In den Abteilungen R, U und V findet man den früh verstorbenen Kopenhagener Poeten Michael Strunge und die Gräber der amerikanischen Jazzmusiker Ben Webster und Kenny Drew – eine Erinnerung an die Zeit, als Kopenhagen mit dem Club »Montmartre« die Jazzmetropole des Nordens war. Abteilung Q präsentiert den Nobelpreisträger und Atomphysiker Niels Bohr sowie den ansonsten nicht weiter hervorgetretenen Motorradfahrer Kenny Holst, dem bei seinem Unfalltod 1999 seine Rockerfreunde gleich gegenüber von Bohr ein Grabmal errichteten, welches dasjenige des Nobelpreisträgers in den Schatten stellen sollte. Abteilung P: Hans Christian Andersen! Und noch ein Andersen, nämlich Martin Andersen Nexø, Autor des Romans *Pelle, der Eroberer*, der 1954 in Dresden gestorben ist und auf dem Assistens seine letzte Ruhe fand.

Hans Christian Andersen ist der literarische Begleiter, wenn es um den Assistens Kirkegaard geht. »Geh mit mir auf den Friedhof«, schreibt er, »laß uns dort hingehen, wenn die Sonne scheint und die Bäume grün sind; laß uns zwischen die Gräber gehen! Jedes von ihnen ist wie ein geschlossenes Buch mit dem Rücken nach oben. Man kann den Titel lesen, der sagt, was im Buch geschrieben steht und doch gar nichts sagt.« Den »schönsten Ort der Welt« nennt ihn eine seiner Figuren, als »gemütserweckendste Spaziertour« hat Andersen selbst den Assistens-Friedhof gepriesen, als seine »Badeanstalt für gute

Laune«. Tatsächlich ist dieser Friedhof ein heiterer Ort, »et muntert sted«, wie auch der nützliche Kopenhagener Friedhofsführer *Wer liegt wo?* betont. Die biedermeierliche Sehnsucht nach Behagen hat an den Grabmälern ihre Spuren hinterlassen. Jedes Detail scheint sprechend in Hinsicht auf Rang und Stellung, Tugenden und Verdienste des Verstorbenen. Noch oder gerade im Sterben und Totsein geht es um die feinen Unterschiede. Mit Hilfe von Epitaphen, Sarkophagen, Pyramiden, Säulen und Stelen. Von Schmetterlingen, Stundengläsern, Eulen, gedrückten Händen, Hunden, Schlangen, Kränzen und Bienenkörben. Ein ganzer Symbolkatalog kommt am Grabmal zum Einsatz, Ausdruck zugleich der Eigenart des Toten und Diktat einer Konvention.

Wie überall in Kopenhagen gibt auch hier auf dem Friedhof das Doppelgestirn Andersen und Kierkegaard den Ton an. Manch ein Tourist denkt ja, der ganze Friedhof sei nach Kierkegaard benannt. Jørgen Schrøder kann die Sache richtigstellen. Kirkegaard heißt Kirch- oder Friedhof, und Kierkegaard (eine eindeutige Orthographie des Dänischen existierte um 1810 nicht) heißt, wie er heißt, weil seine Ahnen auf einem Hof in Jütland lebten, der an eine Kirche grenzte – womit sie also die Kirchhofbauern waren. So weit instruiert, können wir den Großen der Nation einen Besuch abstatten. Durchaus bescheiden Andersens Grab. Hier steht nur eine Stele aus rotem Sandstein, darauf sein Name mit den Lebensdaten und ein Vierzeiler aus Andersens Feder: »Die Seele, die Gott in seinem Bild schuf / ist unzerstörbar, kann nicht verloren gehen / unser Erdenleben hier ist der Same der Ewigkeit / Unser Leib stirbt, doch die Seele nie.« In Andersens Nachbarschaft liegen die Menschen begraben, die ihm auch im Leben nahestanden. Wie im Leben, so nimmt Andersen auch im Tod Obdach bei einer Wirtsfamilie, den Collins. Gast sein war Andersens Lebensrolle. Gast in Rahbeks Bakkehus in Frederiksberg, wo die großen Persönlichkeiten des Zeitalters verkehrten. Gast im Hause des Mäzens, Kulturpolitikers und Theateradministrators Jonas Collin, der den jungen Andersen unter seine Fittiche nahm. Der alte Collin war Andersens erster Förderer, sein Sohn Edvard wurde sein lebenslanger Freund und praktischer Berater in allen Lebenslagen. Als der junge Collin zu Andersens Leidwesen eine Familie gründete, kam Andersen einmal wöchentlich – sofern er in Kopenhagen war – zu Besuch, aß und trank, spielte mit den Kindern, erzählte ihnen Geschichten und fabrizierte ein paar Scherenschnitte. Edvards Sohn, der wieder Jonas hieß, wurde Andersens Begleiter auf seiner letzten Auslandsreise nach Spanien. Als Andersen 1875 starb, hatte Edvard Collin soeben eine Grabstätte für seine Familie gekauft; was lag näher, als hier zuerst einmal Andersen zu begraben? Jahre später wurden dann auch Edvard Collin und seine Frau hier beigesetzt. Für die Öffentlichkeit sah es fast so aus, als hätten sich Unbefugte mit in Andersens Grab gezwängt. Dabei war es ja umgekehrt gewesen. Andersen, mit seiner angeborenen Neigung, sich in gemachte Betten zu legen, hatte das Familiengrab okkupiert. Später siedelten die Collins um und überließen Andersen das Grab für sich. Ein Junggesellengrab ist es, in dem er ruht, aber allein ist er trotzdem nicht. Zwar liegt seine von ihm wenig geschätzte Schwester Karen Marie weitab in einem Armengrab, doch sein Arzt, Professor Emil Hornemann, ist ganz in seiner Nähe begraben. Nicht weit davon findet sich das Grab des Seeoffiziers und Malers Vilhelm Pedersen, den seine Illustrationen von Andersens Märchen berühmt machten. So stellt der ganze Assistens Kirkegaard ein großes Beziehungs-Patchwork dar, das genealogische Mosaik eines Zeitalters. Ida Thiele liegt hier begraben, die Titelheldin von *Den lille Idas Blomster* (»Die Blumen der kleinen Ida«), einem der ersten Andersen-Märchen aus dem Jahre 1835. Damals war die kleine Ida fünf, später heiratete sie den Marineoffizier Alexander Wilde und starb jung. Ihr Mann wiederum, der Offizier, war bei jenem sagenhaften Ereignis des Jahres 1838 zugegen, als der große Bildhauer Thorvaldsen, von Rom zurückkehrend, in der Heimat triumphal begrüßt wurde, die ihm inzwischen – der alte Collin hatte die Finanzmittel aufgetrieben – in Schloß Christiansborgs Wagenremise ein Museum eingerichtet hatte. Ein Begrüßungskomitee, bestehend aus Oehlenschläger, Heiberg, Hertz, Grundtvig, Andersen und anderen, war ihm vor der Langelinie mit einem Dichterboot entgegengekommen. Lorbeerkränze, Fackelzüge, das muß beinahe der Alltag jener Jahre gewesen sein.

Beziehungen, freundliche und weniger freundliche, so weit das Auge reicht. Wir müssen noch einmal auf H. C. Ørsted zurückkommen, den Naturforscher, Autor des epochemachenden Werks *Aanden i Naturen* (»Der Geist in der Natur«) und väterlichen Vertrauten Andersens. 1829 sollte ihm Ørsted zwecks Erlangung der Studienberechtigung die Prüfungsfrage stellen, was Elektromagnetismus sei, und Andersen mußte zugeben, das Wort nie gehört zu haben. Doppelt peinlich, weil schließlich Ørsted es war, der den Elektromagnetismus einige Jahre zuvor entdeckt hatte. Ørsted trug den Vorfall mit Fassung und erkannte seinerseits als erster die Gaben Andersens als Märchenerzähler. »Ihre Romane werden Sie berühmt, aber Ihre Märchen werden Sie unsterblich machen«, prophezeite er schon 1835.

Kritischer äußerte sich Søren Kierkegaard über das literarische Schaffen des jungen Andersen. In seiner Debütschrift mit dem vertrackten Titel *Aus eines noch Lebenden Papieren. Gegen seinen Willen herausgegeben von S. Kierkegaard* hatte sich der junge Theologe Andersens dritten Roman *Nur ein Spielmann* vorgenommen, und zwar in keinesfalls freundlicher Absicht. »Über Andersen als Romandichter mit ständiger Rücksicht auf sein letztes Werk *Nur ein Spielmann*« sollte das Pamphlet laut

Untertitel handeln. Tatsächlich bot es kaum weniger als eine Generalabrechnung mit einem Autor, den Kierkegaard philosophisch und ästhetisch für nicht satisfaktionsfähig hielt. Mag sein, daß der ganze Angriff auf Mißverständnissen beruhte oder auf dem Geltungsdrang eines jungen, hitzigen Intellektuellen: Andersen jedenfalls war schwer angeschlagen von der unerwarteten Attacke und mußte sich, wie er schreibt, lindernde Umschläge reichen lassen. Warum diese scharfe Abfuhr? War Kierkegaard eifersüchtig auf einen Mann, der im Unterschied zu ihm Leser in ganz Europa fand? Jedenfalls kannte sein Spott keine Grenzen: »Andersen kann Märchen über die Galoschen des Glücks schreiben«, heißt der berühmte Satz aus seinem Tagebuch, »ich kann darüber schreiben, wo der Schuh drückt.« Andersen hätte mit dieser Art schuhmacherlicher Arbeitsteilung gut leben können. Kierkegaard, ein Freund der Zuspitzung, hingegen nicht. So ganz erholte sich das Verhältnis der beiden von Kierkegaards Attacke nie mehr, oder besser: Es blieb beim Nichtverhältnis bis zu Kierkegaards frühem Tod. Andersen, stets geneigt, anderen jede Kränkung zu verzeihen, wenn sie nur wieder einlenkten, reagiert gerührt und erleichtert, als ihm Kierkegaard im Jahre 1849 (es war wohl ein reiner Routinevorgang) ein Exemplar seines soeben in zweiter Auflage erschienenen Buches *Entweder – Oder* zukommen läßt. »Lieber Herr Kierkegaard! ... Ich war sehr überrascht, wie Sie sich wohl denken können. Ich hätte nicht geglaubt, daß Sie gut von mir denken könnten, und nun sehe ich es. Gott segne Sie dafür! Danke! Danke! Ihr von innerstem Herzen ergebener ...« So freundlich hatte es Kierkegaard wohl gar nicht gemeint.

Kierkegaards Grabstätte erzählt von komplizierten Familienverhältnissen. Sein Vater, der spätere Wollgroßhändler Michael Pedersen Kierkegaard, hatte es erworben, als seine erste Frau nach nur zwei Jahren kinderloser Ehe gestorben war. Zu jenem

Zeitpunkt muß das Dienstmädchen der Familie bereits von Kierkegaard senior schwanger gewesen sein, ein Umstand, der den jungen Kierkegaard, als er kurz vor dem Tod des Vaters davon erfuhr, in ein Fegefeuer von Gewissensqualen schickte. Sieben Kinder gebar Ane Lund, fünf davon starben in jungen Jahren. Nicht alle liegen in diesem Grab, und nicht von allen, die hier liegen, sind auch die Namen auf der Grabstätte verzeichnet. Auch Søren Kierkegaards Name wurde erst lange nach seinem Tod in eine Grabplatte gemeißelt; dann aber getreu den Anweisungen, die er bei seinem Tod auf einem Zettel hinterlassen hatte. Der einzig Hinterbliebene aus der einst so großen Kierkegaard-Familie war sein Bruder Peter Christian, auch er ein Theologe. Anders als Søren wurde er tatsächlich Pfarrer und brachte es später zum Bischof von Aalborg. An seinem Sterbebett wollte der Philosoph seinen Bruder indes nicht sehen. Die beiden hatten sich auseinandergelebt, nicht zuletzt als Folge des von Kierkegaard in seinen letzten Lebensjahren mit Schärfe geführten Kampfes gegen die dänische Amtskirche. Peter Christian war ein Mann eben dieser Amtskirche. Er suchte den Kompromiß, den sein Bruder in allem, was er tat und schrieb, als faulen Zauber enttarnen wollte.

Zwangsläufig gerät die Beisetzung Kierkegaards im Herbst 1855 zur Farce. Zwar hatte sich Kierkegaard auserbeten, sein Begräbnis möge ohne kirchlichen Beistand stattfinden. Doch sein Schwager setzte sich über diesen Wunsch hinweg und bat Peter Christian als Geistlichen in die Vor Frue Kirke. Beinahe kam es nun zum Handgemenge zwischen denen, die den Gottesdienst verhindern, und jenen, die ihn stattfinden lassen wollten. Auf dem Friedhof setzten sich die Tumulte fort, als Kierkegaards Neffe just in dem Moment, als sich der Probst anschickte, eine Handvoll Erde auf das Grab zu werfen, zu einer anklagenden Rede gegen die Kirche anhob, die den letzten Willen des Verstorbenen nicht habe akzeptieren wollen.

Nach dem skandalumwitterten Begräbnis wird es still um Kierkegaard. Eine Zeitlang hätte man Mühe gehabt, sein Grab überhaupt zu finden. Der bischöfliche Bruder hatte es nicht für nötig befunden, einen Grabstein aufzustellen. Andere mußten ihn drängen, endlich dem Willen seines Bruders zu folgen: eine Rose in jeder Ecke, sonst nur Gras, und eine Grabtafel, auf der ein Vers des Psalmendichters Brorson geschrieben steht. »Es ist nur noch wenig Zeit / dann habe ich gewonnen / dann ist der ganze Streit / mit einem Mal verschwunden, / dann kann ich im Rosensaal verweilen / und unaufhörlich mit meinem Jesus sprechen.« Jeder Grabstein, hat Andersen geschrieben, sei ein geschlossenes Buch, das mit dem Rücken nach oben liegt.

Kapitel 4

Streuselkuchen in Vangede.
Unterwegs zu Dan Turèll

> »Bevor ich sterbe, will ich ein letztes Mal
> durch die Stadt schlendern.«
> (Dan Turèll)

Beim letzten Besuch an Dan Turèlls Grab lagen da wieder die üblichen Dinge: ein Feuerzeug, eine Zigarette, ein Fahrradschloß und ein Präservativ, Sachen, von denen seine Verehrer glauben, daß er sie im Himmel brauchen kann. So lebt Onkel Danny, wie er sich selbst gern nannte, im Andenken seiner Fans fort. Dan Turèll, Schriftsteller, Journalist und Kopenhagener Original, 1946 geboren und 1993 gestorben, hatte Fans und hat sie immer noch. Fast ist aus Onkel Danny postum eine Marke geworden. Das liegt auch an seinem unverwechselbaren Habitus. Mit seinem eigenwilligen Äußeren – schwarzer Anzug mit Krawatte und Hut, Zigarette in der Linken und als Krönung schwarz lackierte Fingernägel – fiel Dan Turèll im Stadtbild auf. Vielen fehlt er darin noch immer.

Am 1. Mai, dem Tag der Arbeit, sitze ich am Vormittag mit meinem Freund Henning Vangsgaard im Sportlerheim in Vangede, einem nordwestlichen Vorort von Kopenhagen. Während draußen auf den frischgrünen Rasenplätzen die Jugendmannschaften der »Gentofte-Vangede-Idrætsforening« trainieren, liest Henning mir einige der Zeilen vor, mit denen Vangede 1974 dank Dan Turèll auf der poetischen Weltkarte erschien. Es sind Zeilen, die von großer Ortskenntnis getränkt sind, wenn auch von geringem Fußballverstand. »Und in den Tagen / in meiner Kindheit in den Fünfzigern / spielte die GVI, Gentofte-Vangede-Idrætsforening (…) mit der Seniorenmannschaft im Kopenhagener-Turnier / gleich unter den Divisionen.« Kopenhagener-Turnier, sagt Henning, so etwas schreibt man nur, wenn man von Fußball keine Ahnung hat, Kopenhagener-Serie müßte es richtig heißen. Er muß es wissen, er hat damals in den Jugendmannschaften der GVI jahrelang das Tor gehütet, während ein anderer Junge aus Vangede an der Eckfahne herumstrich und Eindrücke erntete, aus denen später Literatur werden sollte, Kopenhagener Vorstadt-Poesie, wie es sie vorher nicht gegeben hatte. Mit Dan Turèll, so darf man wohl sagen, ist die dänische Vorstadt literarisch erwacht. Sie dankt es ihrem Herold mit Zuneigung über den Tod hinaus.

Hier auf dem Sportplatz und nebenan in den freundlich-durchschnittlichen Reihenhäusern hinter dem Moor hat diese Fünfzigerjahrejugend ihren Ausgang genommen. Gäbe es Dan Turèll nicht, dann gäbe es über Vangede nicht viel zu sagen. Henning hat mich gewarnt, als ich ihn bat, mir Vangede zu zeigen: Hier gäbe es nichts zu sehen, meinte er. Dieses Nichts wollte ich dann aber doch gern sehen. Wenn es einen Superlativ des Normalen gäbe, dann würde er vielleicht auf Vangede passen, diese unaufregende Mischung aus kleinen Wohnblocks, Grünflächen, Reihenhäusern, die nur ab und zu von Villen unterbrochen wird, wie sie dann jenseits der Autobahn, im vornehmen Gentofte, zur Regel werden. Vangede ist heute und war auch damals kein sozialer Brennpunkt. Die Gedichte, mit denen Turèll und Vangede berühmt wurden, handeln vom Alltag im dänischen Nirgendwo und Überall einer bestimmten, vergangenen Zeit – und sensationell ist daran nur die Tatsache, daß einer diese Vorstadtbagatellen aufgegriffen und sie in eine Sprache überführt hat, die all denen, die ihre Kindheit in diesem und all den anderen Vangedes erlebt hatten, ins Herz traf. »Vangede ist ein Viertel in Gentofte«, so heißt es bei Dan

Dan Turèll (1946–1993), hier 1973

Turèll. »Damals war es die Gegend von Gentofte / wo der Müll-
abladeplatz und die Irrenanstalt / und die Obdachlosenba-
racken lagen / wo die Zweizimmerwohnungen der Kommune
Wand an Wand aneinandergereiht waren / und wo die neuen
Mittelklassereihenhäuser / gerade begannen, aus dem Boden
zu schießen. / Es war ein Ort, wo es Penner gab, Schlägereien,
Automatenknackereien / und Motorradbanden und ziemlich
wilde Samstagabende / und für eine kurze Zeit ein Wirtshaus,
das dann schließen mußte (…) Vangede war Gentoftes Har-
lem, natürlich ein Wohlstands-Harlem / und der schlechteste
Steuerdistrikt der Gemeinde / jedenfalls bis man dort Fabriken
baute / und der einzige Wahlkreis in der Kommune / wo die
Kommunisten ernsthaft Stimmen bekamen.« Mit solchen Zeilen gab Dan Turèll der Vorstadt eine Stimme, die man über die
Grenzen von Vangede hinaus vernahm, eine Stimme, die sogar
in den besseren Kreisen von Kopenhagen gehört wurde.

Alles, sagt Henning, hat Turèll in seinen Gedichten genau und gültig beschrieben. Präziser hätte man die soziale Geographie des Weltausschnitts Vangede nicht erfassen können; und weil die Verhältnisse von Vangede denen an anderen Orten so ähnlich sahen, erkannte sich halb Dänemark in diesen Versen wieder. Nicht die gutbürgerliche Hälfte, nicht die Bessergestellten und auch nicht die ehrgeizigen Aufsteiger. Das »Wohlstands-Harlem«, das Turèll hier, nüchtern zwar, aber mit kaum verhohlener Wehmut, besingt, ist ein Herzland der Sozialdemokratie. Der Pfarrer, der Arzt, der Gemüsehändler, der Tabakhändler, der Eismann und der Schuhmacher, diese Helden des Alltags, die hier besungen werden, sind in der Mehrzahl Sozialdemokraten gewesen. Ihr Viertel war ein mitunter ruppiges, aber vorwiegend herzliches Paradies der kleinen Leute. »Es wimmelte damals von Kindern«, erinnert sich Henning, als wir auf der Brücke bei der S-Bahn Vangede stehen und den Zügen nachschauen. Einst schritten zwei alte Damen aus dem hochnäsigen Gentofte über diese Brücke, wobei die eine in Richtung Vangede wies und zu der anderen sprach: »Die da können auch nur saufen und Kinder kriegen.« Dan Turèlls Vangede ist eine Momentaufnahme aus der Zeit des Baby-Booms: »In vielen dieser Häuser«, heißt es bei ihm, »waren wir fünf oder sechs Kinder«, und fast war es »wie ein wimmelnder kollektiver Ameisenhaufen / wo sich die Dinge quer über die Hecken fortsetzten / die später höher und höher wuchsen / wie auch die Kinder irgendwann erwachsen wurden und verschwanden / und selbst kinderreiche Familien am Ende wieder so kinderlos waren wie am Anfang / eine merkwürdige und völlig selbstverständliche / ganz logische und irrationale Entwicklung / simultan zu beobachten in einer Gruppe von Häusern / in einem Viertel am Rand von Kopenhagen im Verlauf der Sechziger«. Das klingt gewollt unpoetisch, ganz nach dem damals zeittypischen »Material«: keine ausgesuchten

Metaphern, keine raren Empfindungen. Das Pathos dieser Verse kommt aus ihrer Einfachheit. Von den Amerikanern, von Ferlinghetti oder Gregory Corso und anderen Dichtern der Beat-Generation hat Turèll seine Einflüsse bezogen.

Hier bei der Brücke, erinnert sich Henning, spielten sich legendäre Schlägereien zwischen den Jungsrudeln von Søborg und Vangede ab, wobei zur Weihnachtszeit Tannenbaumstämme als Rammspieße Verwendung fanden. Langweilig war das Leben damals nicht, jedenfalls nicht für Kinder auf der Straße. Im Moor, erzählt Henning, konnte man im Dunkeln die Penner singen hören, die dort mit ihren Schnapsflaschen lagerten, Johannes mit dem Holzbein, an dem man, wie er sagte, wenigstens nicht frieren konnte. Aus der nahen Nervenheilanstalt vernahm man manchen Morgen das Geschrei der Insassen; natürlich hatte die Gemeinde die Anstalt, genau wie den Müllplatz und die Fabriken, auf diese, die schlechte Seite der Lyngby-Autobahn, gestellt, während man drüben die Villeninhaber mit so etwas nicht behelligte.

Doch sehen gegen Dan Turèlls Figuren die Villenbesitzer auf der »guten« Seite nicht wie Zombies aus? Seine Vorort-Plebs, ohne Stil und Traditionen, bastelt mit Erfolg an einer neuen Identität – aus Jazz und Rock 'n' Roll, Kino und Mopeds, Minigolf und Fußball. In Dan Turèlls »Vangede-Bildern« wird eine neue Heimat proklamiert, deren Wurzeln Pop und Amerika heißen; ähnliches hat etwas früher auch der hierzulande sehr berühmte Klaus Rifbjerg mit einem folgenreichen Gedichtband über sein Heimatviertel Amager unternommen, worin er die »Ama'rkaner« zu den Amerikanern von Kopenhagen ausruft. Wer Pop sagt, der sagt auch Klischee: Als »The Wild Side« feierte Turèll später, mit Reverenz an Lou Reed, sein Viertel, und Kapitelüberschriften wie »Vangede All Stars« oder »Rock Around Vangede« bekunden die Liebe zu den USA (und zu Vangede). Von Scham und Charme des Vorstädters spricht Henning, als wir im Sportlerheim sitzen und Streuselkuchen essen, und davon, wie sich beides bei Turèll paarte, so glücklich, daß er sich am Ende in den allseits geliebten Selbst-Performer namens »Onkel Danny« verwandelt hatte.

Später, als er schon lange von Vangede weggezogen war, kokettierte Turèll mit seiner bunten Vita. In *Kraks Blå Bog*, den dänischen »Who is Who«, ließ er folgendes eintragen: »Keine Ausbildung; war u. a. tätig als Teppichverleger, Markisenaufsteller, Erd- und Betonarbeiter, Fahrradbote, Korrekturleser, Stanzereiarbeiter, Wagenwäscher, Postbote und Faktotum in Firmen; Freelance-Autor und Medienarbeiter seit 1970; zugleich Mitarbeiter bei *Politiken* und *Ekstra Bladet* sowie Radio und TV; Liedermacher, Vortragsredner und Musiker, allein und mit der Band ›Sølvstjernene‹.« Man könnte noch einiges hinzufügen: Buddhist, LSD-Konsument, Kettenraucher. Das ist die Sorte Lebenslauf, wie ihn sich in diesen Jahren manch ein Autor zulegte. In diesem Fall stimmte er mit den Tatsachen überein. Das Enfant terrible, auch das beweist der Lebenslauf, ist irgendwann ein Star geworden. Die Zeitungen waren hinter ihm her und druckten jahrzehntelang mit Freude seine hintergründigen Stadt-Kolumnen, spielerisch wirkende Eingebungen eines Kopenhagener Asphalt-Bummlers. Onkel Danny war zu Lebzeiten zum Mythos geworden, der bis zu seinem frühen Tod mit der Zuverlässigkeit eines Uhrwerks schrieb und schrieb und schrieb, zwölf populäre Krimis allein zwischen 1981 und 1990, die bis heute für reißende Umsätze sorgen. Sie führen jedesmal den »Mord« im Titel (»Mord in der Stoßzeit«, »Mord in der Münzwäscherei«, »Mord im Rinnstein« usw.) und haben längst Klassiker-Status erlangt. Nicht, weil es sich bei ihnen um nervenzerfetzende Thriller handelt, sondern weil sie das Aroma eines (inzwischen vergangenen) Kopenhagener Alltags mit seinen Figuren, seinen Ritualen und

Redeweisen so intensiv aufbewahren wie kaum ein anderes Stück Literatur.

Keine schlechte Bilanz für ein Vorstadt-Kind aus Vangede. Im Ausland kennen ihn wenige, in Kopenhagen dagegen ist Dan Turèll eine Legende. Fast stellt er für Kopenhagen dar, was Fernando Pessoa für Lissabon verkörpert: den Stadt-Dichter par excellence. Wohl nur ein Zufall, daß beide sich mit 47 Jahren zu Tode gesoffen hatten. Und beider Andenken wird durch ein Café wachgehalten. »Dan Turèll« heißt das Lokal in der Store Regnegade, dem Dan Turèll selbst seinen Namen verlieh, als es 1977 öffnete. Zum Dank für das Geschenk durfte der Dichter dort jederzeit umsonst essen und trinken. Aus der Bohèmebar, die es einmal war, ist jetzt ein Treffpunkt für Marketingleute geworden, Leute, mit denen sich Dan Turèll möglicherweise auch verstanden hätte, denen aber doch ganz entschieden ein »touch of Vangede« fehlt. Als Turèll-Gedenkstätte wäre das Sportlerheim draußen im Vorort viel besser geeignet.

Kapitel 5

Gift und Glückseligkeit.
Bei Karen Blixen in Rungstedlund

»Das alte Mädchen hat es in sich.«
(Lawrence Durrell)

Das Grammophon der Marke Columbia Grafonola, das ihr der Freund Denys Finch-Hutton in afrikanischen Tagen geschenkt hatte und auf dem sie abends ihren Gästen Liszt und Schubert vorspielte. Die alte Standuhr des Vaters, die auf der afrikanischen Farm stets am Freitag aufgezogen wurde, dem islamischen Feiertag, weshalb sie den Spitznamen »Der Prophet« trug. Graulackierte Mahagonisekretäre, Louis-Seize-Stühle, Rokoko-Öfen und eine mit Messing beschlagene Reisetruhe aus Sansibar. Ein Sprechtrichter aus dem 19. Jahrhundert, mit dem vom Eßzimmer aus die Herrschaft mit dem Küchenpersonal im Keller in Verbindung treten konnte. Auf den Tischen Blumen im Überfluß – die Baronesse liebte üppige Bouquets. An den Wänden Bilder von ihrer Hand, sie hatte an den Kunstakademien von Kopenhagen, Paris und Rom eine Weile Malerei studiert.

Rungstedlund, das ist ein Ort wie keiner sonst in Dänemark. Ein Haus, ein Garten, ein Park, ein Wald, eine Privatlandschaft, denen eine Person allein ihren Stempel aufgedrückt hat. Sein Interieur wirkt noch immer so, als sei die Hausherrin nur für einen kurzen Augenblick hinausgegangen, vielleicht um den Tee aufzugießen oder um ein Blumengesteck neu zu ordnen. Oder um uns zu Sherry und Salzmandeln in das grüne Zimmer zu bitten. Woran sich dann womöglich ein Abendessen

mit jungen Bewunderern aus der örtlichen Hautevolee an-
schlösse, gefolgt von einem Cognac am Marmorkamin, während vom Sund her sich Kälte und Feuchtigkeit heranschlei-
chen? Rungstedlund ist Karen Blixens innerer Bezirk, eine
gediegene und gutsherrlich wirkende, aber bei näherem Hinsehen nicht nur behagliche Welt. Rungstedlund – hat nicht
schon der Name etwas dunkel Lockendes? Etwas Schwebendes
zwischen der grundsoliden Welt des alten Dänemark mit seinen ländlichen Herrenhäusern und den »outer limits«, denen
von Afrika und jenen der literarischen Phantasie? Aber vielleicht haben wir das Dämonische des Ortes auch nur herbei-
gefiebert, während wir auf parkettschonenden Schuhhüllen
durch die Blixen-Gedächtnisräume glitten. Rungstedlund ist
schließlich kein Hexenhaus, sondern ein Literaturmuseum.
Aber ein besonderes. Es könnte einem passieren, daß man dem
Haus – 25 Kilometer nördlich von Kopenhagen prächtig am
Øresund gelegen –, dem Park und vor allem der Hausherrin
auf eine Weise hörig wird, daß man sein Lebtag hierher
zurückkehren will.

Auf diesem dänischen »herregaard« wurde Karen Christentze
Dinesen am 17. April 1885 geboren, und hier ist sie als Karen
Blixen am 7. September 1962 gestorben, gefeiert von der Welt
und zugleich wohl auf eine elegante Weise vereinsamt und des
Lebens überdrüssig. Auf Rungstedlund hat sie ihre – bald vom
Selbstmord ihres Vaters überschatteten – Jugendjahre inmitten
einer weitläufigen Verwandtschaft zugebracht. Nach Rungstedlund ist sie 1931 zurückgekehrt, als das afrikanische Abenteuer mit dem Bankrott ihrer Farm (eine Dose mit unge-
brannten Kaffeebohnen der Firma »Karen Coffee Co. Ltd.«
steht in einer Vitrine des Museums) und mit dem Flugzeug-
absturz von Denys Finch-Hutton zu Ende war. Karen Blixen
hat, als sie in ihr Geburtshaus zurückkommt, das Leben hinter, die Literatur aber noch vor sich. Sie wird sich in einen

Vamp, in den keck lächelnden, aber nicht ungefährlichen Pierrot verwandeln, als der sie auf einem Foto von 1954 bei Gelegenheit eines Maskenballs in die Kamera schaut. Das Erzählen sei die Gabe, die ihr der Teufel im Tausch gegen ihre Seele versprochen habe, hat Karen Blixen einem Vertrauten erzählt. Statt Seele hätte sie auch Sexualität sagen können: Die Syphilis, mit der sie der untreue und auch sonst wenig hilfreiche Ehemann, Baron Bror Blixen, in Afrika ansteckte, hatte ihre Gesundheit ruiniert und sie fortan vom Geschlechtsleben suspendiert. Ruin, der körperliche, der ökonomische, ist das eine Stichwort in diesem Leben, Auferstehung das andere – als schreibender und seine Mitwelt bestrickender Dämon.

Karen Blixen – als Kind nannte sie sich Tanne, ein Verehrer nannte sie Tania, und als Tania Blixen wurde sie im deutschen Sprachraum bekannt, während sie ihre frühen Bücher unter dem Pseudonym Isak Dinesen veröffentlichte – ist äußerlich betrachtet eine alte Frau, als sie nach Rungstedlund zurückkehrt. Noch in Afrika hat sie die Arbeit an den *Seven Gothic Tales* begonnen, jenem – auf Englisch geschriebenen – Erzählungsband, mit dem sie 1934 als fast Neunundvierzigjährige debütiert und vor allem das amerikanische Publikum in Entzücken versetzt. 1937 folgt *Out of Africa*, das Lieblingsbuch einer ganzen Generation, hymnisch gepriesen von Hemingway bis Carson McCullers. In Dänemark war man mit ihrem Erstling weniger freundlich umgegangen. »Die Baronin Blixen-Finecke präsentiert mit der Zuckerzange Perversitäten«, schrieb der Kritiker Frederik Schyberg 1935, ein Urteil, das Blixen ihm und der dänischen Kritik insgesamt niemals verzieh. Daß sie unzeitgemäß war, brauchte man ihr nicht zu sagen. Marxismus war angesagt in diesen Jahren, Sozialkritik, Realismus oder aber Surrealismus, Avantgarde und Psychoanalyse. Was sollte man da von ihren Erzählungen halten, die in einer traumverlorenen Vergangenheit spielten, von ihren spätro-

Karen Blixen (1885–1962) als Pierrot, 1954

mantischen Novellen, die tief im 19. Jahrhundert ankerten. »In einer mondhellen Nacht des Jahres 1863 zog eine Dau ihres Weges von Lamu nach Sansibar, von der Küste etwa eine Meile entfernt«, so fängt die Erzählung *Der Träumer* an. Mit Zeitgenossen wie Joyce und Valéry hatte dieses Schreiben wenig zu tun, dagegen viel mit Sansibar, wo sie wirklich gewesen war. Karen Blixen wußte Dinge, von denen die europäische Avantgarde nichts ahnte. Mehr als alle Lebenden bewunderte sie Lord Byron, die Verkörperung ihres aristokratischen Ideals.

Wer weiß, was aus Rungstedlund geworden wäre, wenn nicht die Erlöse aus den Filmrechten für *Out of Africa* (1986) und *Babettes Fest* (1987) dem Rungstedlundfonds einen Millionenbetrag in die Kasse gespült hätten, mit dem dann 1991 das Karen Blixen Museet eingerichtet werden konnte. Eine Wellness-Farm vielleicht? Oder ein feines Restaurant? Ein Dorfkrug, ein »Kro«, war das Haus schon einmal gewesen, ehe es 1879 in den Besitz der vermögenden Familie Dinesen gelangte und ihr fortan als Gutshof diente. Dänemarks größter Lyriker, der von Sturm und Drang gebeutelte Johannes Ewald (1743–1781), hatte sich hier von 1773–1775 als Logiergast aufgehalten und, so die Blixen-Biographin Judith Thurman, »hemdsärmelig in der Wirtsstube gezecht, der Gastwirtstochter den Hof gemacht und sich auf einem Hügel hinter dem Haus (…) von den Musen küssen lassen«. Blixen verehrte Ewald, den Sänger von »Rungstedlunds Glückseligkeiten«, dem sie mit der Erzählung *Nächtliches Gespräch in Kopenhagen* einen literarischen Gedenkstein errichtete. Zum 200. Geburtstag des Dichters im Juni 1943, in der Zeit der deutschen Besatzung, feierte sie auf Rungstedlund ein vaterländisches Fest. »Eine große Menschenmenge erklomm die Ewaldshöhe«, erzählt ihre Biographin, »wo auf der Lichtung ein Podium errichtet worden war, und hörte Reden und Lesungen. Anschließend gab es im Haus einen Empfang mit leichten Er-

frischungen.« Mitten in Kriegs- und Besatzungszeiten insze-
niert Karen Blixen ein Schauspiel aus der Welt von gestern.
Unpolitisch war diese Geste freilich nicht, so wenig wie andere
Gesten Blixens aus jener Zeit. Als sie 1940 als Sonderkorre-
spondentin von *Politiken* zu Besuch in Berlin weilt, äußert
sie sich verständnisvoll über das NS-Regime: »Ich sehe mit
Bewunderung Ihrem Experiment zu«, schreibt sie im *Völki-
schen Beobachter*. Einige Jahre später gewährt sie Juden, denen
die Deportation droht, Unterschlupf in Rungstedlund. Ihre
kurze Sympathie für den Nationalsozialismus hat man ihr in
Dänemark verziehen, den Einsatz für die bedrohten Juden
nicht vergessen.

Ein Reservat ist dieses Rungstedlund, das Refugium eines der
freiesten und seltsamsten Geister Dänemarks und außerdem
ein richtiges Naturschutzgebiet. Zurück aus Afrika, so erzählte
es Karen Blixen in einer ihrer Radioansprachen den Hörern
vom heimischen Kamin aus, sah sie Kopenhagens nördliche
Vororte dem einst ländlichen Rungstedlund immer näher
rücken und beschloß, das Haus samt den dazugehörigen fünf-
zehn Hektar Land als ein Gehege der dänischen Geschichte
und Natur zu erhalten, als einen Ort der Beschaulichkeit und
als Vogelreservat. Zu diesem Zweck bat sie jeden ihrer Hörer
um eine Krone und ließ als Dank für die erfolgreiche Kollekte
im Jahre 1958 »Lytternes Eg«, die Eiche der Hörer, pflanzen, die
erste einer Reihe von Pflanzungen, die der heimischen Vogel-
welt gastfreundliche Bedingungen schaffen sollten. Nun arbeiten Landschaftsarchitekten und Ornithologen daran, daß auch
die Nachtigall, Karen Blixens Lieblingsvogel, hier wieder
heimisch wird. Von ihrer letzten Ruhestätte aus kann Karen
Blixen dann dem Gesang ihrer Lieblinge lauschen. Am 11.
September 1962 hat man sie zu Grabe getragen, ihr Bruder
rezitierte eines ihrer Gedichte, eine Sängerin sang Schuberts
Vertonung von Uhlands »Frühlingsglaube«. Dann zogen zwei

Pferde den Sarg auf einem Wagen hinauf zur Ewaldshöhe, wo unter einem schlichten weißen Steinquader und im Frühling umgeben von einem Meer von Primeln und Buschwindröschen ihr Grab liegt.

Eine frühe Ökologin war diese Frau, eine Tierfreundin und -schützerin, zugleich eine Lady von Welt, die sich einer Ernährung rühmte, die ausschließlich aus Austern, Zigaretten und Champagner bestand (am Ende ihrer Tage wog sie kaum noch achtzig Pfund), eine Celebrity, die mit Albert Schweitzer afrikanische Erinnerungen austauschte und mit Arthur Miller und Marylin Monroe upstate New York zu Abend aß und dabei einen Kapuzenpullover trug, dessen Comeback überfällig ist. Sie war eine beharrliche Arbeiterin, die selbst unter größten und chronischen Schmerzen schrieb – oder vielmehr diktierte, nämlich ihrer Sekretärin Clara Selborn, die als Köchin eingestellt worden war und dann wegen erwiesener Unfähigkeit zur Schreibkraft avancierte. Wenn Karen Blixen nicht arbeitete, vertrieb sie sich die Zeit damit, die Ehen junger Männer zu zerrütten. »Sie fragte uns immerzu über unsere Ehen und Liebesbeziehungen aus – um sie zu zerstören«, hat mir einer der damals jungen Männer erzählt, der zum Freundeskreis von Karen Blixen gehörte. An einem anderen jungen Mann aus diesem Kreis hat Karen Blixen ihre Zerrüttungskunst mit besonderem Eifer praktiziert.

Thorkild Bjørnvig, selbst ein bedeutender Lyriker, der 2004 mit 85 Jahren starb, hat über seine folie à deux mit Blixen in seinem Buch *Der Pakt* (1974) ausführlich berichtet. Es ist die Zeit nach dem Zweiten Weltkrieg: Bjørnvig und seine jungen Freunde, darunter der spätere Gründer des Louisiana-Museums, Knud W. Jensen, und der später einflußreiche Literat Ole Wivel sind von der Gegenwart gelangweilt und sehnen sich nach stärkerer Geistesnahrung. Rilke und Baudelaire heißen ihre Helden. *Heretica* ist der Titel einer von ihnen gegründeten Zeitschrift, an der nach ihrem Willen auch Karen Blixen mitwirken soll. Man kommt ins Gespräch, trifft sich zum Abendessen, und der schwärmerische Bjørnvig, ein Ehemann und Familienvater von dreißig Jahren, fühlt sich bald schon berufen, ihr »dienen« zu wollen. Blixen willigt ein, und damit ist der Pakt geschlossen. Ein Pakt, der keine weiteren Klauseln enthielt, als daß »zwei Menschen einander vollkommen vertrauten, einander in einer Gegenseitigkeit vertrauten, an der durch nichts gerührt und gerüttelt werden konnte – die mystische Dimensionen besaß«, wie Bjørnvig schreibt. Nicht um Liebe geht es in diesem Pakt, schon gar nicht um Sex, sondern allein wohl um eine erotisch gefärbte Besitzergreifung. Und so heißt es in einem Blixen-Brief: »Sie müssen meine Ehre verteidigen« – was angesichts von Blixens geradezu mittelalterlichem Ehrbegriff keine leichte Aufgabe sein kann. Zwischen den beiden ungleichen Partnern entspinnt sich ein psychologisches Verwirrspiel, das den jungen Mann in selige Verzweiflung stürzt, seine Ehefrau in einen Selbstmordversuch treibt und nebenbei dazu führt, daß der »Diener« monatelang in Rungstedlund Quartier nimmt und seine Familie nurmehr zu von der Baronesse festgesetzten Zeiten zu sehen bekommt. Dann hat die Herrin – »Ja, wollen Sie denn nicht den Hexenbesen mit mir besteigen?« – die Idee, ihn mit einer Verwandten, der Comtesse Caritas Bernstorff, zu verkuppeln, reagiert dann aber mit rasender Eifersucht, als sie von anderen, nicht genehmigten Amouren Bjørnvigs Kunde erhält. Mutmaßungen, es sei zwischen den beiden Verbündeten einmal doch zur »Ekstase belohnter Liebe« gekommen, wie es Blixens Biographin formuliert, wollen Kenner der Verhältnisse nicht bestätigen. Vier Jahre dauert es, ehe Thorkild Bjørnvig den Pakt kündigt und ins Alltagsleben zurückkehrt. Noch zwanzig Jahre später scheint er von dem Geschehen so tief bewegt, daß er kein Wort der Distanzierung findet, wenn auch die Erleichterung spürbar wird, dem Blixen-Sog entronnen zu sein. Karen Blixens Verhältnis zu Gott, schreibt Bjørnvig, sei »so persönlich« gewesen, »daß es immer wieder in Selbstvergötterung umschlagen, zur Machtausübung mit göttlichen Insignien verführen mußte. Diesem leuchtenden Wahn gegenüber konnte man sehr wohl Ehrfurcht empfinden, es konnte einem aber davor auch grauen.« Abschied von Rungstedlund. Kann man sich einen idyllischeren Ort vorstellen? Wer einmal auf dem Blixenbesen mitgeritten ist, wird es anders sehen.

Kapitel 6

Ein nervöses Herz.
Vom Rathausplatz zur Istedgade

»… *ein leichter Rausch von giftigen Likören,*
Frühling der Großstadt«.
(Tom Kristensen, *Hærværk,* 1930)

Am Rathausplatz verkünden die Glocken des Rathausturms, was die Stunde geschlagen, und die rote Leuchtschrift auf dem Haus von *Politiken,* was in der Welt sich zugetragen hat. Überhaupt Leuchtschriften: Ab Einbruch der Dunkelheit flimmert der Platz im Rhythmus der Lichtreklamen. Heute, wo solche Reklamen aus der Mode gekommen sind, haftet dem Lichtgewitter etwas Altmodisches an. Hier aber hat einmal das nervöse Herz des modernen Kopenhagen geschlagen, und hier schlägt es insofern noch immer, als hier *Politiken* samt seiner Boulevard-Schwester *Ekstra Bladet* zu Hause ist: die führende Tageszeitung des Landes. Dürfen wir das sagen, ohne den ewigen Rivalen, die gutbürgerliche *Berlingske Tidende* zu beleidigen, ganz zu schweigen vom Parvenu aus Jütland, der auflagenstarken *Jyllandsposten*? Kein Zweifel ist jedenfalls an der Feststellung erlaubt, daß *Politiken* seit mehr als hundert Jahren dem nervösen, dem modernen Kopenhagen als Zentralorgan dient. *Berlingske* hingegen hat seinen Hauptsitz am anderen Ende des Strøget, der zentralen Geh-Achse, unweit von Kongens Nytorv im alten, königlichen Kopenhagen. Man könnte anhand von Rathausplatz und Kongens Nytorv eine Kopenhagener Zwei-Plätze-Lehre entwickeln: Stellt Kongens Nytorv mit dem Königlichen Theater, dem Magasin du Nord und dem

Hotel d'Angleterre den Dreh- und Angelpunkt der Welt von 1880 dar, so ist der Rathausplatz die hektische Drehscheibe des Jahres 1930, eben mit dem Sitz von *Politiken*, mit den Hotels Palace und Kong Frederik, dem Tivoli und dem nahen Hauptbahnhof.

Hektisch geht es noch immer zu am Rathausplatz, aber es scheint, als hätte der Platz seine besten Tage hinter sich. Mal ist auf ihm eine Riesenhüpfburg installiert, mal erleben wir dort den Welttag des Gelächters, und am Silvesterabend toben hier regelmäßig die Massen. Das kann für einen Platz dieser Größe und Lage doch nicht alles sein.

Vor dem Krieg hat der Rathausplatz seine große Zeit gehabt. Hier lagen die führenden Bars, das Paraply, Wivels Hjørne und die India Bar, das Hotel Kong Frederik war zum führenden Haus am Ort aufgestiegen, nebenan leuchteten von *Politikens* Dach die Schlagzeilen mit den Tagesneuheiten herab. Straßenbahnen und Omnibusse schossen über den Platz, vom nahen Hauptbahnhof aus reiste man in die Welt oder in die Vororte, in Vesterbros Passage lagen dicht an dicht die neuen Amüsierpaläste und hinterm Bahnhof, in der Istedgade, schon damals der Rotlichtbezirk.

Nach wie vor ist die Istedgade kein Touristenziel, doch in den zwanziger und dreißiger Jahren schlug sie manchem, der dort wohnte, regelrecht aufs Gemüt. Zwei Romane haben die Istedgade von damals verewigt. Beide sind zu Klassikern der dänischen Literatur geworden: Tom Kristensens *Hærværk* (deutsch »Roman einer Verwüstung«) von 1930 und Tove Ditlevsens *Barndommens Gade* (deutsch »Straße der Kindheit«) von 1944. Tom Kristensen und sein Romanheld Ole Jastrau – wie sein Autor ein hart trinkender Journalist, den es drängt, im Rausch die bürgerlichen Konventionen zu zerschlagen – finden die Istedgade unheimlich: »Eine Wolke schien sich vor die Sonne zu schieben – einen solchen Eindruck machte dieses Viertel um Reventlowsgade und Istedgade, ein finsterer Winkel mitten im Zentrum von Kopenhagen, mit Schlupflöchern und Geheimgängen und Toren, Parterrewohnungen, die von Feuchtigkeit dunkel waren, und Gardinen, so bürgerlich anständig, als versteckten sich dahinter Bordelle.« Es waren wohl wirklich Bordelle, die sich hier versteckten und die dem Romanheld eine bedrohlich-verführerische Gegenwelt zum Rathausplatz offerieren, wo, nur ein paar hundert Meter entfernt, sich sein Arbeitsplatz befindet, *Politiken* natürlich (auch wenn die Zeitung hier nicht so heißt). Ganz anders schaut Tove Ditlevsen auf die Istedgade, die Straßenschlucht ihrer Kindheit: »Die Straße schläft nie«, hat sie geschrieben. »Ihr großes, unruhiges Herz schlägt wohl nicht so heftig wie am Tage, aber es ist, als wäre es nachts doppelt auf der Hut. (...) Grämliche alte Straße, wir stehen unter deinen Laternen und küssen einander, und hätten wir Zeit, darauf zu lauschen, wir hörten dein tiefes, gutmütiges Lachen von den grauen Steinen aufsteigen, über die wir krochen, ehe wir sprechen konnten.« Und man merkt: Die düstere Istedgade hat ein Herz; wenigstens für alle, die hier aufgewachsen sind.

In ihrem populären Buch hat Tove Ditlevsen, die 1917 geboren wurde und 1976 nach einem komplizierten Leben Selbstmord beging, die Kindheitsstraße literarisch verewigt. Ester heißt das Mädchen aus Nummer 17, am Anfang des Romans ist es ungefähr zwölf Jahre alt und wohnt mit Bruder und Eltern in einer jener dunklen Wohnungen, aus der die Kinder bei jeder Gelegenheit auf die Straße fliehen. Man sieht Ester heranwachsen, wird Zeuge ihrer Konfirmation, liest, daß sie nach der siebten Klasse die Schule und schließlich das Elternhaus verläßt, um Büroangestellte zu werden. Ester macht ihre ersten amourösen Erfahrungen, und schließlich gibt es einen ernsthaften Ehebewerber. Aber das Verhältnis zerbricht, und am Ende des Romans erleben wir, wie Ester, um einige Illusionen ärmer und

Tove Ditlevsen (1917–1976), hier 1967

zehn Jahre älter, in die Straße ihrer Kindheit und in die elterliche Wohnung zurückkehrt. Die Straße hat das Mädchen wieder, das ihr entkommen wollte, um anderswo sein Glück zu machen. Ja, die Straße ist selbst ein Mädchen, leider kein ehrbares, sondern ein gefallenes. »Die Straße gleicht einem auf dem Rücken liegenden Mädchen. Am Enghaveplatz liegt, jung und unschuldig, der Kopf. Da gibt es grüne Bäume, Springbrunnen und jeden Mittwoch die Heilsarmee mit Gesang, Gitarrespiel und Bekenntnissen. Aber weiter unten, nach dem

Bahnhof zu, spreizen sich die Beine, lang und leichtsinnig. Über sie verstreut, wie Sommersprossen, liegen die kleinen, gastlichen Hotels, die munteren Läden, wo es Gemüse gibt und blutiges Fleisch, eine Wäscherei mit blassen Plätterinnen hinter Kellerfenstern ...«

So war es einmal in der Istedgade. Ditlevsens Roman kündet von der bitteren Romantik eines verschwundenen Proletariats. Danach kamen Drogen, Prostitution und Pornoläden. Inzwischen ist in die Istedgade neues Leben eingezogen. Nicht nur das der Gemüseläden, Kioske und Halal-Schlachtereien der muslimischen Einwanderer, sondern neue Modeläden und Cafés. Heute ist die Istedgade, nicht nur dank Anziehungspunkten wie dem ›Ankara Frisør‹, der ›Skipper Bodega‹ und dem ›Sexshop Pikant‹, vielleicht die lebhafteste Straße von ganz Kopenhagen. Die Szene hat Vesterbro und namentlich die Istedgade entdeckt. Wer hätte von der grämlichen alten Straße gedacht, daß sie dereinst muslimischen Großfamilien ebenso ein Zuhause bieten würde wie dänischen Modedesignerinnen? Daß alle miteinander auskommen, muß an der Gutmütigkeit dieser Straße liegen, die schon Tove Ditlevsen auffiel.

In der Istedgade 1 hat sich Ende der zwanziger Jahre auch der Journalist und Schriftsteller Tom Kristensen (1893–1974) mit Frau und kleinem Sohn niedergelassen. Seit 1924 ist er Literaturkritiker bei *Politiken*. Im Roman *Hærværk* erzählt Kristensen, kaum verhüllt durch die Romanfigur Ole Jastrau (der Name soll den Jazz-Trav, den Jazz-Trab evozieren, weil dieser Roman abgehen sollte wie eine Swing-Nummer), aus seinem wilden Leben zwischen Kneipen, Bars und Zeitung, untreuer Ehefrau und wechselnden Freundinnen, Alkoholexzessen und plötzlich ausgerufenem Abstinenzlertum. Man hat den Roman mit Joyces *Ulysses* in Verbindung gebracht, aber eigentlich erinnert das Buch eher an Malcolm Lowrys *Unter dem Vulkan*. Hier wie dort stehen die mutwillig verheerenden Effekte des

(Schnaps-)Trinkens im Vordergrund, demonstriert an einer Figur, die vor die Hunde gehen will, mit dem Unterschied freilich, daß Kristensens Held am Ende ein weiter nicht bestimmter Neuanfang beschieden ist. Davor aber wird getrunken. Der Alkohol soll Kristensen bzw. seinem Helden Jastrau zu einer Selbsterkenntnis verhelfen, die im Zustand der Nüchternheit nicht erreicht werden kann. Also sehen wir Ole Jastrau auf über vierhundert Seiten durch die wohlbekannten Straßen Kopenhagens wandern – das heißt vorwiegend zwischen Rathausplatz und Istedgade hin und her – und dabei viel trinken, vor allem in der Bar des Artistes, wie der seinerzeit sensationelle Treffpunkt im Hotel Kong Frederik hier heißt. Beim Trinken erwächst in Kristensens Figur stets die Lust, etwas kaputtzumachen: die Lust auf vorsätzliche Sachbeschädigung, wie sie der Roman im Titel führt. In jenen Jahren erregte ein Vorfall großes Aufsehen. Ein junger Mann hatte im Zustand der Trunkenheit die Glasscheiben eines Gewächshauses angeblich für gefrorene Pfützen gehalten und sie daraufhin zertrümmert. Er wurde in Gewahrsam genommen, doch erwuchs ihm aus dem Zwischenfall die Idee zu einem Buch. *Hærværk*, der großartige Roman einer Verwüstung, erzählt von den goldenen zwanziger Jahren wie von einem einzigen langgezogenen Alhokolexzeß mit anschließendem Kater. »Ich weiß nicht, ob ich je in meinem Leben von einem Buch so eingenommen war«, hat Knut Hamsun Tom Kristensen geschrieben. Kristensens Roman handelt von den Ängsten der Journalisten und ihrem unbändigen Wunsch, selbst Schriftsteller zu sein. Er erzählt von Männer- und Sauf-Kameraderie, von großem Übermut und bitterem Ungenügen an sich selbst, vom Leben der Bohème und der Flucht aus ihm, sei es, daß man fromm wird oder Sozialist. Stets behält der Roman dabei die Kopenhagener Topographie im Blick, etwa wenn Jastrau sich seinem Arbeitsplatz, dem Herd aller großstädtischen Nervosität nähert. »Die nächtliche

Tom Kristensen (1893–1974), hier 1963

Vesterbrogade wirkte auf Jastrau immer wie eine erfrischende Dusche, doch als er den großen Platz überquerte, schwanden ihm Mut und Energie. Er steuerte einer unbezwingbaren Macht entgegen: Es war das Eckgebäude des ›Tageblatts‹ mit der jagenden Laufschrift auf dem Dach, die einem Feuerband glich (...) und mit dem Namen DAS TAGEBLATT an der Ecke, geschrieben mit roten lateinischen Buchstaben, so rationalistisch wie der Geist der Zeitung, wenn er am klarsten war.« Das Mütterchen *Politiken* muß Krallen haben, denn auch Tom Kristensen, der die Zeitung haßte, wie nur ein Journalist seine Zeitung hassen kann, kam lebenslang nicht von ihr los. Nach seinem »lost weekend« mit dem Roman und all dem, was an Eskapaden vorausgegangen war, kehrte er 1930 in die Redaktion zurück und diente ihr noch lange als Kritiker und Kolumnist.

Wenn es ein Porträt Kopenhagens aus der Jazz-Zeit gibt, dann ist es dieser Roman. Hoch muß es hergegangen sein in der Bar des Artistes; man tanzte Step und Straight und Fox und trank dazu die Cocktails, die der schwedische Star-Bartender Franz Gustavsson rührte oder schüttelte, wenn er nicht gerade Platten auflegte. Welch ein Kontrast zur fünfhundert Meter entfernt liegenden Istedgade, wo zur selben Zeit ein Mädchen »am Schlafkammerfenster auf ihrem zusammengeklappten Feldbett« sitzt und »wie gewöhnlich« nichts tut. Sie heißt Ester, und sie langweilt sich, während sie den Regen beobachtet, der an der schmutziggrauen Wand des Vorderhauses niederläuft. Aber irgendwann wird ihre Freundin Lisa kommen, und sie werden einen Bummel über die Istedgade machen. Und nicht eher nach Hause gehen, bis sie etwas Spannendes erlebt haben, bis zum Beispiel Lisa aus dem Kaufmannsladen Schokolade und Kekse hat mitgehen lassen, die dann im Schutz eines Torwegs verzehrt werden. »Das Leben ist eine schreckliche Einrichtung«, soviel hat Ester schon begriffen, »ein langer, dunkler Weg, auf dem Gefahren drohen und Fallgruben.« Aber es gibt Lichtpunkte: »Spiel, Unsinn und Abenteuer, Freundschaft und ein nettes Wort, sogar Zärtlichkeit – davon kann man lange zehren.« Wo Ester recht hat, hat sie recht. Lektionen, die das Leben lehrt, oder besser: die Istedgade.

Kapitel 7

Sumpf und Stuck.
Mit Herman Bang im Tivoli

»Können wir nicht was, wir Kopenhagener!
Hol's der Teufel, das ist eine Stimmung hier, nicht?«
(Herman Bang, *Stuck*)

Kopenhagen ist ein Vergnügungsmoloch, so lautet die Bot-
schaft, die Herman Bangs Gründerzeit-Roman *Stuck* (1887)
vom ersten Satz an mit aufgeblasenen Backen hinausposaunt.
Stuck, das ist ein Bewerbungsschreiben Kopenhagens um den
Preis als hektischste Metropole des Kontinents. Gleich am
Anfang sehen wir den Romanhelden und Journalisten Herluf
Berg, dessen Initialen unschwer den Autor erkennen lassen,
mit seinem Freund Lange die Straße hinunterrennen. Sie ren-
nen einer Droschke hinterher, welche die beiden in größter
Eile ins Kasino-Theater befördert. »›Hier ist Leben‹, sagte Berg,
behaglich in seine Wagenecke gelehnt, und atmete die feucht-
milde Luft ein«, und sein Kompagnon gibt ihm recht: »Ja, es ist
lebendig geworden hier in der Stadt.« Welch ein Strömen,
welch ein Treiben – in Kopenhagen hat man die alten Wälle
niedergerissen, und das pralle Leben ergießt sich über alle
Straßen. Ein neues Zeitalter zieht herauf, das Herman Bang
und sein Held mit Argwohn betrachten. Das Markenzeichen
dieses Zeitalters ist der Stuck, das historisierende Ornament
aus Gipsmörtel, wie es massenhaft in den Bürgerpalästen der
neuen Boulevards zum Einsatz kommt. »Allerhand, was wir
für Fassaden bauen«, sagt Herluf Berg, und Lange gibt altklug
zurück: »Wir tünchen unsere Grüfte.«

Was für ein Gedränge dann vor dem Theater. Premierenabend. Es schlagen die Wagentüren, es rascheln die Garderoben, es braust und summt vor Erwartung im Zuschauerraum, und schon geht das Licht aus. Das *Glücksmädel* kann beginnen, eine Operette, was denn sonst? Dann ist auch schon Pause, Gott sei Dank, nun gilt es, die Gesellschaft zu examinieren: »Berg war aufgestanden und blickte durch das Opernglas. Nach und nach wurde es stiller, und nun begann man einander zu mustern, zu grüßen und zu informieren! *Der* war hier und *der* und *der* – und man nickte. Bei jedem bekannten Gesicht schien das Wohlbehagen zu wachsen: Sie waren alle da, wie sich's gehörte, und man selber saß auf seinem guten Platz und redete mit.« Bekannte Größen sind anwesend, Frau Canth mit ihrem Fächer und andere, aber in der ersten Reihe zieht eine Unbekannte alle Augen auf sich, »das blonde Toupet mit Brillanten übersät«. Wer nur ist die Diamantendame – ein Thema auf den Gängen nach Ende der Vorstellung, aus der Berg und Lange in unverminderter Eile heraussausen. Hallo Droschke, »Tivoli«. Da muß man hin, immer und heute ganz besonders, denn der Tivoli, »die Institution«, veranstaltet das letzte Feuerwerk der Saison.

»Der Name Tivoli erstrahlte in Leuchtbuchstaben«, als die beiden jungen Herren dort eintreffen. Alles hier ist angetan, die Sinne in wonnige Gereiztheit zu versetzen. Der Basar mit seinen Kuppeln, Zinnen und Minaretten, der Konzertsaal mit seinen Lichterbögen, eine Operettenkulisse des schönen Scheins, durch die unablässig die Menge wogt wie in einem nie endenden Walzertanz: »Unten beim Konzertsaal war es, als gerieten sie in einen Tanzsaal mit seinem schwirrenden Trubel von Stimmen und Geräuschen. Gleich von den Steingrotten an bis unter die Kandelaber, deren Prismen funkelten, nichts als ein einziges schiebendes, unentwirrbares Gewimmel.« Nichts wie raus hier und hinein ins Restaurant, wo schon Kellner Jensen wartet und Roastbeef mit Sauce Tartare serviert, und siehe da, hier sitzen auch schon die Herrschaften aus der Theaterpremiere, und irgendwann erspäht man die sogenannte Bankierstafel mit lauter wichtigen Etats- und Konferenzräten und nimmt später noch ein bißchen bei Familie Gerster Platz, die gerade um eine gezuckerte Melone versammelt ist. Man plaudert ein wenig über Landleben und Sommerfrische, und Lange schildert »in vielen impressionistischen Bildern« eine Badesaison in Bovbjerg, wo die Luft so gut sei, daß seine Nerven »geradezu getanzt« hätten. Dann kommt man irgendwie zur Literatur, und wieder ist es Lange, der das entscheidende Wort spricht, als er Zola als den Meister der gegenwärtigen Literaturepoche rühmt, der es wie keiner sonst vermöge, »die Sinne anzusprechen«. Nun ist es Zeit für das große Feuerwerk, die krönende Sinnenreizung, das rauschende Saisonfinale. Künstliche Sterne gehen auf, zerbersten mit einem Knall, ergießen sich über den Nachthimmel, rieseln als feine Lichtfäden herab und erlöschen. Unter großem Hallo geht die Saison zu Ende. Für Melancholie ist kein Platz, denn neue Lustbarkeiten werfen längst ihre Schatten voraus. Drüben am Victoria-Theater wird im Schein elektrischer Glühlampen soeben das Dach montiert. Herluf Berg, der Journalist und Gesellschaftslöwe, soll, wie sich bald herausstellt, sein erster künstlerischer Direktor werden. Ob das gutgehen kann? Natürlich nicht. Wenn Herman Bangs fulminante Ouvertüre eines deutlich gemacht hat, dann doch dies: Die Welt der Hohlheit und des Scheins muß zugrunde gehen. Sie ist auf Sand gebaut, nein, auf Sumpf und Stuck.

»Kopenhagen hat viele Jahre auf seinen Roman gewartet«, schreibt der einflußreiche Edvard Brandes in seiner Rezension von Bangs *Stuck* in *Politiken* am 4. November 1887. Oft schon hätten zwar Dichter ihre Schilderungen in Kopenhagener Straßen und Zimmern angesiedelt. Hier aber werde endlich

Herman Bang (1857–1912), hier 1900

gezeigt, was die Stadt mit den Menschen anstellt, welche Macht
sie über ihre Bewohner hat. Nie war Kopenhagen, so Brandes,
eine »Person in den Büchern«. Dank Bang sei sie es geworden.
Auch wenn er sich alle Mühe gibt, Kopenhagen als wimmelnde
Metropole zu schildern, fällt auf, daß sich in Bangs Roman fast
alle mit Namen kennen. Bangs Ambition auf den großen Epo-
chenroman geht mit der Wirklichkeit von Kopenhagen nicht
ohne weiteres zusammen. Der Moloch Kopenhagen stellt sich
bei genauerem Hinsehen als künstlerische Übertreibung dar.

Freilich hat nicht nur Bang die Stadt in jenen Jahren als unheimlich erlebt. Henrik Pontoppidan, Johannes V. Jensen, Jens Peter Jacobsen, Martin Andersen Nexø, die großen Schriftsteller der Jahrhundertwende, die es oft aus der Provinz in die Hauptstadt verschlagen hat, reagieren verstört und abwehrend auf die Segnungen der Moderne. Auf die Proletarierheere zwischen Fabriken und Mietskasernen, auf die großangelegte und seelenlose Bautätigkeit, mit der die Stadt sich aus ihrem mittelalterlichen Korsett befreit, auf die neuen, großspurigen Sitten des expandierenden Bürgertums. Herman Bang, der nervöse Feuilletonist, hat dieses Unbehagen wie kein zweiter in Worte gefaßt.

Den Roman hat er weit weg von Kopenhagen zu Papier gebracht, in Prag, wo er Unterschlupf gefunden hatte, nachdem er wegen Beleidigung des deutschen Kaisers im Reich nicht mehr gelitten war. »Der Kaiser – der Kaiser … Wie wenig Geist ist doch in diesen hohenzollernschen Gesichtern«, hatte er 1885 nach dem Besuch einer Hamburger Fotoausstellung geschrieben, und zwar noch in Dänemark. Dort hatte er sich als Schriftsteller und Journalist, als Salonlöwe und Kenner der Halbwelt einen Namen und manche Gegner gemacht; seine Homosexualität lieferte ihnen jederzeit ausreichend Munition. Stets am Rande des Bankrotts balancierend, sehnte sich Bang nach einem größeren Publikum und beständigeren Einnahmequellen und übersiedelte nach Berlin, bis ihm der Hohenzollern-Skandal das weitere Bleiben verwehrte. Er zog ins thüringische Meiningen, aber auch da wollte man ihn nicht haben. Also ging es weiter nach Wien und bald darauf nach Prag. Zurück in Kopenhagen, begannen seine erfolgreichsten und rastlosesten Jahre, mit den Romanen *Tine* und *Ludwigshöhe* und einem sich über Europa ausbreitenden Ruhm. Auch im Erfolg bleibt Bang die Krise treu. Er leidet zunehmend an Depressionen, verzehrt sich in Literaturdebatten, sieht seinen literarischen Stil von jüngeren, kühneren Widersachern ins Abseits gestellt, muß sich wegen seiner Homosexualität diffamieren lassen und stirbt schließlich 1912 mit 55 Jahren, einsam und abgearbeitet, während einer amerikanischen Lesereise in einem Eisenbahnkupee in Ogden, Utah, an einer Gehirnblutung. Von alledem erzählt sehr anschaulich Dorit Willumsens Roman *Bang* von 1996.

Was waren das für Tage, als die Straßen vor Vergnügen kreischten und die jungen Asphaltjunker mit Spazierstock, Lackstiefeln, Glacéhandschuhen über die Straßen des modernen Kopenhagen schlenderten! Sich treiben lassen, das ist eine Kunst, die erst einmal erlernt werden muß. Das Auge braucht Reize, an denen es sie erlernen kann, Cafés und Zigarrenläden, Korsos und Casinos. Orte wie den Tivoli, wie das neue Königliche Theater, wie das erste Kopenhagener Warenhaus, das Magasin du Nord, oder die pariserischen Boulevard-Paläste am Søtorvet, die der neuen offenen Stadt ein Entrée von Westen her schufen. Auf dem ehemals militärischen Glacis-Gelände vor dem Wall hat am 15. August 1843 Georg Carstensen den Tivoli eröffnet. Carstensen, ein ehemaliger Leutnant und Zeitungsverleger, hatte sich in den Kopf gesetzt, der Stadt zu einer Volksbelustigung von Weltformat zu verhelfen. Ein Groß-Impresario war dieser Carstensen, ein Manager von Format, doch eher ein Mann der neuesten Ideen als der soliden Ökonomie. Für den neuen Vergnügungspark setzte er als Zutaten fest: einen Basar, einen Konzertpavillon, ein Theater, ein Panorama, einen Feuerwerksplatz, Schaukeln und Achterbahnen, Kegelbahnen und andere Spiele, einen Billard-Pavillon, eine Restauration, ein Kaffeehaus samt Diwan zum Rauchen sowie verschiedene Konditorpavillons. War das eine Sensation, als der neuartige und nahezu klassenlose Themenpark seine Pforten öffnete. Eine Zeitung schrieb: »Am 15. August 1843 bot der Eingang nach Vesterbro über die Festungsanlagen einen überraschenden Anblick. Zur Linken war wie von Zauberhand ein Garten erstanden, der mit seinen kühlen Bogengängen winkte, seinen Baumgruppen, seinem Konzertsaal, Bazar, Karussell, seiner Rutschbahn, seinen Pavillons und Laubhütten und seiner Insel, kurz gesagt mit allen Zutaten, die nur die fleißigste Phantasie sich erträumen konnte. Dies war Kopenhagens Sommer-Tivoli, der durch Carstensens Genie in weniger als zwei Monaten entstanden war.« Mit dem Tivoli, so kann man demselben Artikel entnehmen, wurde das Amüsement ehrbar. »Man verdöste nicht länger seinen Abend in einem düsteren Wirtshaus bei einem Schnaps oder einem Glas Bier; man ging ins Tivoli. Alle Stände trafen sich zum gemütlichen Zusammensein: Die Unterschiede waren nivelliert; Leute in Tracht und Modejunker, die elegante Dame und die Dienstmädchen versammelten sich hier, und immer blieb das Benehmen im Rahmen, niemals kam es zu Exzessen ...« Dem unsteten Gründer Carstensen allerdings war kein langes Glück beschieden. Nach vielerlei Pleiten mit anderen Unternehmungen starb er 1857 mit 44 Jahren. Der Tivoli aber läuft und läuft. Noch immer bleibt im Tivoli das Benehmen zumeist im Rahmen. Der Tivoli hat den Charakter einer gesitteten und gemütlichen Amüsierstätte bis heute bewahrt. Noch immer gibt es zwei Jahreszeiten in Kopenhagen: die Tivoli-Saison von April bis September und den Winter, die tivolilose Zeit, in welcher der Park immerhin in der Adventszeit zum Eislaufen und zum Verzehr von Bratäpfeln und Glühwein offenhält. Wann gehen wir wieder, oder besser: warum gehen wir heute nicht in den Tivoli, das ist die Kopenhagener Kinderfrage schlechthin. Man müßte ehrlicherweise antworten: Wenn wir genug Geld gespart haben, denn so ein Tivoligang mit Familie ist kein Vergnügen, das man sich jede Woche leisten kann. Wenn es dir zu teuer ist, dann kauf uns doch einen Jahrespaß, Papa. Ach Kinder, das könnte euch so passen. Wie wäre es, wenn ihr euch mit dem Feuerwerk zufriedengäbt, das man völlig kostenlos von überall her sehen und vor allem hören kann? Nein, so leicht wird man der kindlichen Amüsierlust nicht Herr. Bald, bald gehen wir bestimmt wieder in den Tivoli.

So familiär, so völlig undekadent geht es heute im Tivoli zu, daß man festhalten muß: Die Bangschen Befürchtungen hinsichtlich der Moderne haben sich nicht bewahrheitet, im Kleinen so wenig wie im Großen. Offenbar hat die Moderne, wenigstens in Dänemark, nun doch keine Dämonen geboren, jedenfalls nicht jene, die Bang vor Augen standen. In *Stuck* dagegen geht der ganze Zauber im Morast zugrunde. Das Victoria-Theater am Rathausplatz erleidet durch das fragwürdige Finanzgebaren der Gesellschafter den Ruin, versinkt außerdem noch hochsymbolisch im Sumpf des Stadtgrabens, in dem es hastig errichtet wurde. Von unten frißt sich der Schwamm durchs Haus; alles ein einziger großer Schwindel von Finanziers, Lieferanten und Handwerkern. Unten Sumpf, oben Stuck, dazwischen nichts Solides, das ist die vernichtende Gesellschafts- und Architekturdiagnose, die Herman Bang dem nervösen Zeitalter ausstellt. »Wir tünchen unsere Grüfte«, hatte Lange gesagt. Heute würden wir nirgendwo lieber wohnen als in einer dieser Grüfte, in einer 250-Quadratmeter-Wohnung am Søtorvet zum Beispiel, mit Parkett und Stuck, so weit das Auge reicht.

Kapitel 8

Alte Universität, November 1871:
Georg Brandes ruft die Zukunft aus

»Die Literatur soll Probleme zur Debatte stellen.«
(Georg Brandes, 1871)

Am Vor Frue Plads, dem Platz Unserer (Lieben) Frau, stehen
sich Glauben und Wissen Auge in Auge gegenüber. Hier C. F.
Hansens klassizistische Tempelkirche mit Thorvaldsens be-
rühmten Statuen, gegenüber die ehrwürdige Fassade der Alten
Universität. Wir sind im Herzen des Latinerkvarters, des alten
Humanistenviertels, aus dem die Universität inzwischen ins
nüchterne Amager verzogen ist. Doch das Gepräge der alten
Tage ist aus dem Quartier Latin noch nicht verschwunden.
Eine gewisse akademische Noblesse strahlt das Viertel noch
immer aus, eine glückliche Erbschaft der humanistischen Zeit.
Im Auditorium 7 der Universität am Vor Frue Plads hat sich
am 3. November 1871 eine folgenschwere Begebenheit zugetragen: Georg Brandes, ein junger Literaturkritiker und Ästhetiker, eröffnet eine Vorlesungsreihe mit dem Titel »Hauptströmungen in der Literatur des 19. Jahrhunderts«. Das Publikum
muß geahnt haben, daß hier Außerordentliches zu erwarten
stand, denn es war in Scharen erschienen. Es wurde nicht ent-
täuscht. Georg Brandes hat an diesem Tag eine Epoche ausgerufen, deren Schlüsselwörter »Zukunft«, »Problem«, »Debatte«
und »Wirklichkeit« hießen – und in der wir womöglich immer
noch leben. Georg Brandes, 1842 geboren und 1927 gestorben,
ist wohl bis heute der bedeutendste Intellektuelle Nordeuro-
pas, ein rastloser Schreiber, der Wegbereiter all dessen, was wir

als die freisinnige und radikale Seite des Nordens wahrnehmen. Ohne Brandes hätte Strindberg nicht die »Frauenfrage« entdeckt, ohne Brandes hätte es keine nordische Welle in Deutschland und kein Nietzsche-Fieber im Norden gegeben. Was wäre das dänische Geistesleben ohne Brandes' Impulse und Provokationen? Bis heute toben ja in Dänemark (oder doch in den dänischen Feuilletons) die Kämpfe, die Brandes angezettelt hat. Vier schreibende Männer haben das kulturelle Dänemark im 19. Jahrhundert geprägt: Kierkegaard, Andersen, Grundtvig und Brandes. Von ihnen ist Brandes fraglos der aufgeklärteste, der weltzugewandteste und der modernste.

In einer Studienklause über den Dächern von Kopenhagen lebt Jørgen Knudsen, ein Mann, der alles über Brandes weiß. 25 Jahre lang hat er an seiner großen Brandes-Biographie gearbeitet, von der vor kurzem die letzten beiden Bände erschienen sind; jetzt liegt das Werk auf 2 820 Seiten abgeschlossen vor. Ich bitte Jørgen Knudsen, mir in einem Satz zu sagen, was das Große und Bedeutende an Georg Brandes ist. Georg Brandes, erwidert Knudsen im gepflegten Deutsch seiner Generation, habe »in journalistisch genialer Weise das moderne Bewußtsein verkörpert und beschrieben«, und dies »in Opposition zur Kirche und zum konservativen Apparat«. Ist das nicht eine Lebensleistung, die man etwas länger ausmalen darf?

Georg Morris Cohen Brandes, so sein vollständiger Name, entstammte einer aufgeklärten jüdischen Familie und war von Kindsbeinen an von einem enormen Lese- und Bildungshunger gepackt. Sein jüngerer Bruder Edvard sollte es ihm an Tatendrang gleichtun, auch er wurde Kritiker, gründete später die Tageszeitung *Politiken* und avancierte in späteren Jahren sogar zum Finanz- und Justizminister. Die Brandes-Brüder, beide hochproduktiv, beide sehr langlebig, bilden das kulturpolitische Doppelgestirn eines halben dänischen Jahrhunderts, der Jahre zwischen 1870 und 1920. Es war die Zeit des »modernen Durchbruchs«, ein Begriff, den natürlich Georg Brandes selbst geprägt hatte. 1868 veröffentlichte er als Vierundzwanzigjähriger sein erstes Buch, und im Todesjahr 1927 sein letztes. Darunter befinden sich die sechsbändigen *Hauptströmungen*, des weiteren ein äußerst lesenswertes Buch über Kierkegaard. In seinen späten Jahren legte Brandes beinahe im Jahresrhythmus eine neue Biographie vor. Große Männer waren es, die ihn beschäftigten: Goethe, Voltaire, Caesar, Michelangelo, Petrus, Jesus. Welches dieser Bücher soll man heute lesen? Das Kierkegaard-Buch, sagt Jørgen Knudsen, lohnt sich immer noch.

Der junge Brandes war ein Feuerkopf und Lebemann, dessen erotische Eskapaden ebenso für Aufsehen sorgten wie seine intellektuellen Impulse; wo Brandes auftauchte, war der Skandal garantiert. Als er 1871 von einer längeren Frankreichreise zurückkehrt und eine Vorlesungsreihe ankündigt, versetzt das die kulturelle Öffentlichkeit in erregte Erwartung. Überhaupt stehen die Zeichen der Zeit auf Sturm. In Paris wird die Kommune errichtet, in Berlin ein deutsches Reich auf Blut und Eisen gegründet. In Dänemark hat man soeben einen Ableger der Kommunistischen Internationale ins Leben gerufen; in den Vorstädten wachsen Mietskasernen aus dem Boden. Aber der moderne Durchbruch, von dem Brandes spricht, bleibt aufs bürgerliche Milieu beschränkt.

Mit seinen Vorlesungen will Brandes den Dänen die Leviten lesen. Sie haben, meint er, die Hauptströmungen des 19. Jahrhunderts, die Lektion von 1789 schlicht verschlafen. Brandes' Frechheit ist seiner Karriere nicht förderlich: Der Kopenhagener Ästhetik-Lehrstuhl, den er für sich reserviert wähnte, wird ihm verweigert. Dreißig Jahre muß er warten, bis er endlich zum Ordinarius ernannt wird. Immerhin darf Brandes Vorlesungen halten, und dafür nimmt er sich einiges vor: Sechs große Zyklen sollen es werden, über die Grundströmungen der englischen, französischen und deutschen Literatur von 1789

Georg Brandes (1842–1927), hier 1900

bis 1848. Literatur- und Ideengeschichte verbinden sich bei
diesem Vorhaben mit einem großen Quantum Zukunftsglaube
und Freidenkertum; eine Mischung, wie sie es zuvor in Dänemark nicht gegeben hat, wie Brandes sie aber in Frankreich
bei Taine und Sainte-Beuve beobachtet hat. Hier geht es um
Kulturpolitik. Hier geht es darum, die kulturelle Mission der
Französischen Revolution zu vollenden, in einer Geschichts-

philosophie der Freiheit und des Fortschritts. Das klingt hegelianisch und wird bald schon aus der Mode kommen, aber wenn man heute die *Hauptströmungen* liest (sie erschienen in sechs Bänden zwischen 1872 und 1890), dann sprühen sie noch immer vor Frische, Witz und Angriffslust.

Der literarische Norden brodelt in diesen Jahren, und stets ist Brandes an vorderster Front dabei, die Literatur an die Probleme der Zeit heranzuführen: Geschlechterrollen, Ehe, Prostitution, Atheismus, Privateigentum – was immer ein Problem ist, das kann auch Literatur werden. Brandes schreibt nicht nur über Bücher, die es gibt, sondern er fordert Bücher, die es geben *sollte*. Er macht Schule, mit Büchern wie etwa Jens Peter Jacobsens naturalistischer Eheerzählung *Frau Marie Grubbe* (1876) und mit den Dramen Ibsens und Strindbergs, die meist in Kopenhagen zur Uraufführung kommen. Ein fünfjähriger Berlin-Aufenthalt ab 1877 schärft Brandes' kulturellen Kampfgeist noch weiter. Zurück in Kopenhagen, entwickelt er sich bald zum Hauptbeiträger des brüderlichen Tagblatts *Politiken*. Schon 1869 hatte Brandes John Stuart Mills Buch *Die Unterdrückung der Frauen* ins Dänische übersetzt und damit den Anstoß zur großen nordischen Geschlechterdebatte gegeben, wie sie fortan von Ibsen, Bjørnson und Strindberg auf dem literarischen Schlachtfeld geführt werden sollte. Richtig Fahrt gewinnt die ganze Diskussion aber erst, als im Herbst 1887 der grellste und wagemutigste der Kombattanten zu Besuch nach Dänemark kommt: August Strindberg.

Manches spricht dafür, daß die moderne Ehekrise um 1887/88 in Kopenhagen erfunden (oder sollten wir sagen: uraufgeführt) wurde. Zur modernen Ehekrise gehören moderne Frauen. Vorbei die Tage der Emma Bovary und der Effi Briest. Die moderne Frau fällt nicht mehr in Ohnmacht, sie macht dem Mann eine Szene. Sie kämpft nicht nur für sexuelle, sondern auch für verbale Gleichstellung im Geschlechterkampf.

August Strindberg (1849–1912), undatierte Radierung von O. Sander-Henry

Wann schneiden dabei schon Männer siegreich ab? Als Strindberg 1887 mit seiner Frau, der Schauspielerin Siri von Essen, nach Dänemark kommt, ist die Ehe der beiden schon länger ein öffentlicher Kriegsschauplatz. Siri von Essen hatte sich von Baron von Wrangel, ihrem ersten Mann, getrennt, um an Strindbergs Seite ein freieres Dasein als Künstlerin zu führen. Wie Ibsens Nora hatte sie sich aus dem Puppenheim davongemacht, um Mensch zu werden. Nun aber erkennt Strindberg in der emanzipierten Gemahlin den eigentlichen Feind des Mannes. Schluß mit den Luxussorgen der weiblichen Oberklasse! Die Frau, so der Tenor seines Novellenreigens *Heiraten* von 1884, ist von der Natur bestellt, dem Manne untertan zu sein.

In der abschließenden Novelle *Der Familienversorger* wird Siri kaum verhüllt als karriere- und ichsüchtige Trinkerin bloßgestellt, und im in Dänemark geschriebenen *Plädoyer eines Irren* zeichnet Strindberg ein schonungsloses Bild von Siris abnehmender erotischer Attraktion: »Ihr Feuer wird schwächer, das reife Alter hält seinen Einzug! Welch ein trauriger Tag, als ihr erster Schneidezahn zerbrochen ist!« Spielt er nur um der Kunst willen den Irren, oder ist er wirklich irre geworden? Er verdächtigt Siri, sie habe ihn betrogen, und ohrfeigt sie vor den Augen der Kinder – nur Fingerübungen für das zu schreibende *Plädoyer des Irren*, wie der Strindberg-Biograph Olof Lagercrantz meint?

Das ist die Lage, als Strindberg nach Dänemark kommt, »das er vor allem der Brüder Brandes wegen als eine freundschaftliche Nation betrachtete«, so Lagercrantz. Er ist bei der Generalprobe seines Stücks *Der Vater* im Casino-Theater zugegen, an der Georg Brandes als Berater der Regie mitwirkt. Um Besucher anzulocken, erklärt sich Strindberg bereit, eine Einführung in sein Stück zu geben. »Es wurde ein solides Fiasko«, erzählt Lagercrantz, »kaum jemand hatte ein Wort verstanden.« Ein paar Tage später kommt es dann zu einem richtig ordentlichen Strindberg-Skandal. Mit dem Schauspieler Hunderup, der im *Vater* den Rittmeister gibt, zecht Strindberg in Rydbergs Keller und zieht nach einigen Flaschen Champagner einen Revolver aus der Tasche, mit dem er ein paarmal in die Decke schießt. Dann zieht man die Østergade (Dinge dieser Art geschehen in Kopenhagen stets in der Østergade) hinunter, und als man am Kongens Nytorv angelangt ist, kommt Strindberg auf die Idee, das bronzene Pferd in der Platzmitte zu besteigen. Erfolglos, denn er bleibt am Zaun hängen. Die Polizei rückt an und nimmt ihm den Revolver ab; der Rest der Geschichte verliert sich im Nebel von Alkohol und Gerüchten. Im Januar 1888 mietet sich Strindberg mit seiner Familie im

Fischerdorf Taarbæk ein und schreibt dort – auf Französisch – in wenigen Wochen das *Plädoyer eines Irren,* das skandalöse Protokoll seiner modernen Ehe. Als der Frühling anbricht, übersiedelt die Familie (inzwischen hat Strindberg Siri im Verdacht, lesbisch zu sein) auf Schloß Skovlyst, wo Strindberg alsbald ein Verhältnis mit der sechzehnjährigen Schwester des Verwalters eingeht, aber trotzdem Zeit für einige seiner bedeutendsten Werke findet, so für *Fräulein Julie.* Was sich dann weiter auf Skovlyst abspielt, spottet jeder Beschreibung. Erpressung, Diebstahl, wieder Revolverschüsse, eine überstürzte Flucht nach Berlin, schlimmste Verdächtigungen und wüste Spekulationen, bei denen Strindberg mal der Verbrecher, mal das Opfer ist: »Strindbergs Nervensystem war eingerichtet auf starke Drogen«, meint Lagercrantz; seine Droge war der Skandal.

Im Frühjahr 1888 hält Georg Brandes in Kopenhagen Vorlesungen über einen neuen Stern am literarisch-philosophischen Himmel, der auch Strindberg auf der Stelle in den Bann schlägt. »Mein geistiges Leben«, so schreibt er an Edvard Brandes, »hat in seinem Uterus einen entsetzlichen Samenerguß von Friedrich Nietzsche empfangen, so daß ich mich im Bauch voll wie eine Hündin fühle. Das ist mein Mann! Grüße Georg Brandes und danke ihm für die Bekanntschaft.« Bald schon kommt es auf Vermittlung von Brandes zum Briefkontakt zwischen Strindberg und Nietzsche. Zwei flackernde und sich selbst verzehrende Geister, zwei Männer mit überhitztem Gehirn versichern sich ihrer gegenseitigen Hochachtung. Genau wie Brandes Strindberg auf Nietzsche aufmerksam macht, so weist er auch Nietzsche auf Strindberg hin. Das nennt man wohl Kulturvermittlung: »Wenn Sie Schwedisch lesen, mache ich Sie auf das einzige Genie Schwedens, August Strindberg, aufmerksam. Wenn Sie über Frauen schreiben, sind Sie ihm sehr ähnlich.« Als dann freilich Nietzsche seinen Brief vom

31. Dezember 1888 mit »Nietzsche Caesar« unterschreibt, kommen auch dem sonst zu jedem Größenwahn aufgelegten Strindberg Zweifel, ob das nicht mehr nur artistischer, sondern bereits klinischer Irrsinn ist. Ein Verdacht, den er brieflich auch Brandes mitteilt. Der hat inzwischen mit Datum vom 3. Januar 1889 aus Turin eine Karte mit folgendem Inhalt erhalten: »Meinem Freunde Georg. Nachdem Du mich entdeckt hast, war es kein Kunststück, mich zu finden: die Schwierigkeit ist jetzt die, mich zu verlieren … Der Gekreuzigte.«

In Nietzsches Nachlaß findet sich die folgende Anzeige: »Es wird den Freunden des Philosophen Friedrich Nietzsche von Werth sein, daß letzten Winter der geistreiche Däne Dr. Georg Brandes einen längeren Zyklus von Vorlesungen an der Kopenhagener Universität diesem Philosophen gewidmet hat. Der Redner, dessen Meisterschaft im Darlegen schwieriger Gedankenkomplexe nicht erst sich zu beweisen hatte, wußte eine Zuhörerschaft von mehr als 300 Personen für die neue und verwegene Denkweise des deutschen Philosophen lebhaft zu interessieren: so daß die Vorlesungen in eine glänzende Ovation zu Ehren des Redners und seines Themas ausliefen.« Nun weiß man, daß die Worte des späten Nietzsche nicht zum Nennwert zu nehmen sind; ein gut Teil Übertreibung und Selbsterhöhung steckt in jeder seiner Lebensäußerungen, und außerdem verrät die Freude über das Kopenhagener Ereignis viel über die eingebildete oder tatsächliche Mißachtung, die Nietzsche von seiten der akademischen Welt empfand, die ihn als etwas »Absonderliches und Absurdes« behandelte. In seinen Briefen aus diesen Monaten, seien sie nun an die Mutter Franziska in Naumburg, an Franz Overbeck in Basel oder den Verleger Fritzsch in Leipzig gerichtet, findet sich kaum einer, der nicht den »Cyklus öffentlicher Vorlesungen« erwähnt, den »der ausgezeichnete Däne, Dr. Georg Brandes« in Kopenhagen veranstaltet. Auf Brandes' Bitte hat Nietzsche ihm am 10. April

1888 eine »kleine vita« nach seiner Lesart geschickt: »Ich bin am 15. Okt. 1844 geboren, auf dem Schlachtfelde von Lützen. Der erste Name, den ich hörte, war der Gustav Adolfs. Meine Vorfahren waren polnische Edelleute...«

Ob Brandes ein Wort davon geglaubt hat? Wird man erst Freidenker, um dann dem »Gekreuzigten« auf den Leim zu gehen? Ein Nietzsche-Jünger wurde er nicht, und auch seine Nietzsche-Essays »Aristokratischer Radikalismus. Eine Abhandlung über Friedrich Nietzsche« (1890) und »Friedrich Nietzsche« (1893) zeigen Brandes keineswegs als dessen Parteigänger. Mit Nietzsche sah sich Brandes in der Attacke gegen die christliche Moral und die »Bildungsphilister« einig. So sehr ihn aber die Vorstellung von »großen Menschen« als historischen Akteuren des modernen Durchbruchs fesselt, so wenig kann er mit dem »Übermenschen« anfangen. Wo Nietzsche die Folgen der Emanzipation geißelt, bleibt Brandes seinem reformistischen Ansatz treu. Schon im Dezember 1887 hat er Nietzsche geschrieben: »Mich verletzt es aber ein wenig, wenn Sie in Ihren Schriften so schnell und heftig über Phänomene wie Sozialismus oder Anarchismus absprechen... [sic!]. Ihr Geist, der in der Regel so blendend ist, scheint mir ein wenig zu kurz zu kommen, wo die Wahrheit in der Nuance liegt.« Nietzsche stand da aber schon der Sinn nicht mehr nach Nuancen; er wollte mit dem Holzhammer philosophieren. Hätten sich die beiden ein paar Jahre früher kennengelernt, dann hätte Nietzsche Brandes' Vorbehalten nicht nur mit Argumenten entgegnen können und müssen, er hätte auch über den Dänen Bekanntschaft mit Kierkegaard gemacht. Als »einen der tiefsten Psychologen, die es überhaupt gibt« hatte Brandes ihm seinen Landsmann zur Lektüre empfohlen, und Nietzsche verspricht, er werde sich nächstens »mit dem philosophischen Problem Kierkegaard ... beschäftigen.« Soweit kam es nicht, auch nicht zur Lektüre von Brandes' kritischer und antitheologischer Kierkegaard-Biographie. Was hätte wohl Nietzsche zum *Tagebuch des Verführers* gesagt? Hätte er darin dasselbe psychologische Raffinement am Werk gesehen, das ihn an Bizets *Carmen* so betört hatte?

Brandes' Interesse an Nietzsche, verbunden mit einer »Art Ärger, daß kein Mensch hier in Skandinavien Sie kenne«, war immerhin groß genug, eine neue Vorlesungsreihe in Angriff zu nehmen. Anfangs hält sich der Zulauf in Grenzen. Erst, so Brandes brieflich, »als eine große Zeitung meinen ersten Vortrag referiert und als ich selbst einen Artikel über Sie geschrieben hatte, war das Interesse rege, und die folgenden Male ist der Saal zum Bersten voll gewesen. Wohl ungefähr 300 Zuhörer achten mit der größten Aufmerksamkeit auf meine Auslegung Ihrer Arbeiten.«

Tatsächlich ergießt sich in den folgenden Jahren eine Nietzsche-Welle über Skandinavien. Strindberg erwischt es am schwersten, aber auch Dichter wie Hamsun, Garborg, Ola Hansson und andere zeigen sich so stark beeindruckt, daß Brandes 1891 konstatiert, es sei verwunderlich, was seit 1887 geschehen sei, als er erstmals auf Nietzsche hinwies. Eine neue Nietzsche-Dogmatik sei inzwischen unter nordischen Schriftstellern ausgebrochen, leider zu Lasten ihres selbständigen Denkens. Lange sollte die Nietzsche-Begeisterung freilich nicht dauern. Brandes jedoch hielt sich auf seine Pioniertat ein Leben lang etwas zugute. Noch 1917 rühmt er sich wie folgt: »In dem großen Deutschland, wo es nicht an Menschen mit Verstand und Ideen fehlt, hatte niemand seinen Wert erkannt ... In Uppsala erlaubte man mir nicht, über ihn zu sprechen. In Helsinki weigerte man sich, meine Abhandlung über ihn zu drucken«, und so weiter. »Ich hielt aus. Und zehn Jahre später brüllte die ganze Erde seinen Namen.« Dank Georg Brandes, dem Herold vom Vor Frue Plads.

Kapitel 9

Jørgensens Melancholie.
Ein Stadtspaziergang 1893

*»Glücklich, wer sich mitten in der neuen Häßlichkeit an
das Schöne erinnern kann, das war.«*
(Johannes Jørgensen)

»Ich stehe an einem Frühlingsmorgen auf der Anhöhe von Frederiksberg und schaue über Kopenhagen. Ich stehe im Schatten der Linden beim Schloß – doch im Sonnenlicht breitet sich
die Stadt vor mir aus, vom Fuß des Hügels bis zum Himmels-
rand.« So beginnt der junge Dichter Johannes Jørgensen 1893
seine poetische Wanderung durch Kopenhagen. Vielleicht darf
man nirgendwo sonst beginnen: mit einem Blick von Frederiksberg Bakke, einem der wenigen erhöhten Standorte, hinunter auf die Stadt. Von hier aus hatte Jahrzehnte früher auch
Hans Christian Andersen erstmals die Stadt seiner Träume
erblickt, als der Vierzehnjährige aus Odense allein in die
Hauptstadt gereist war, um glücklich und berühmt zu werden.
Frederiksberg Bakke, das war die Rampe, von der aus sich
Kopenhagen vor dem Reisenden auftat. Was hat Jørgensen
vor über hundert Jahren gesehen? Die Turmspitze der Börse.
Schloß Christiansborgs langen, grauen Wrackstumpf – es hatte
dort wieder einmal gebrannt. Die grüne Kuppel hinter Thor-
waldsens Museum. Das gekrümmte Dach des Dagmartheaters.
Den vierkantigen Turm der Nikolaikirche. Den schlanken
Kampanile der Heiliggeistkirche. Den braunen, tischuhrför-
migen Turm der Vor Frue Kirke. Sankt Petris grünspanige
Kupferspitze. Den dunstig grauen Ballon der Marmorkirche.

Die Türme am Søtorvet und die kleine grüne Kuppel des Kommunehospitals.

Das meiste ist noch immer da, aber ohne Jørgensen hätten wir es kaum als Panorama wahrgenommen. Kopenhagen ist keine Stadt, die den Betrachter zwingt, ihre Silhouette zu betrachten. Es gibt, bei aller Schönheit im einzelnen, keine Stadtperspektiven, die überwältigen, nicht vom Land und auch nicht vom Wasser her. Es gibt keine zentrale Örtlichkeit, die der Umgebung ihren Willen aufdrängt. Kopenhagen, schreibt Jørgensen, ist ein Buch mit vielen Kapiteln und Autoren. »In jedem Kapitel ein neuer Stoff, ein neuer Stil, eine neue Lebensanschauung.« Und dann gibt er in wenigen Worten eine treffliche Charakteristik der Kopenhagener Viertel: »Welch mildes und lächelndes Idyll ist doch das alte, ländliche Frederiksberg? Welch moderner, amerikanischer Geist in den geraden, kalten Straßen und den großen, häßlichen Neubauten der Boulevardquartiere! Und welche tiefe Schwermut, welche bitterer Sorgenmut offenbart sich nicht in den düsteren, schmutzigen und engen Straßen und Gassen der Inneren Stadt! Schau Dir im Gegensatz dazu den vornehmen Stil in den Rokoko-Palais der Bredgade an mit ihren Sandsteinvasen und Satteldächern aus glasierten holländischen Ziegeln. Oder sauge die Arbeitsfreude und Lebensfülle ein, die zwischen Hafen und Strand herrscht, entlang der Kais und Molen, auf Werften und Plätzen und Brücken.« Da haben wir sie, die ganze Stadt, erkannt von einem jungen Mann aus der Provinz, der an ihr die Kunst des Sehens üben will.

Dänemark in Schilderungen und Bildern dänischer Schriftsteller und Künstler, so heißt ein zweibändiges Prachtwerk, das im Jahre 1893 in Kopenhagen erschien. Das schönste Kapitel darin hat Johannes Jørgensen geschrieben, der es später als Romancier und als Biograph des heiligen Franz von Assisi zu europäischer Berühmtheit bringen sollte. Wie so viele Schriftsteller

Johannes Jørgensen (1866–1956), hier 1930

und Romanhelden seiner Zeit war er als junger vielversprechender Mann aus der Provinz zum Studium in die große Stadt gekommen. Dort geriet er zunächst mit anarchistischen Zirkeln in Berührung und machte im raschen Wechsel der Lebensanschauungen später mit dem Katholizismus Bekanntschaft. Davon ist in seinen Betrachtungen noch nichts zu spüren, wohl aber von einem gesteigerten Natur- und Schönheitsempfinden und von einer Melancholie, für die ihm Baudelaire Pate stand. Alles verschwindet, vor allem das Schöne. Das ist das wehmütige Leitmotiv dieses Stadtwanderers.

Streifzüge mit Jørgensen. Zuerst durch Frederiksberg, das man, wie er sagt, im Herbst sehen muß, weil es ein Viertel für den Nachsommer des Lebens ist. Eine Gegend für alte Leute sei es, in der junge Menschen sich oft nicht recht wohl fühlten. Frederiksberg erlebt man noch heute als ein stilles und vornehm-behäbiges Viertel mit letzten Resten einer romantischen Ländlichkeit, wie sie das Goldene Zeitalter dort kultivierte. Geh im Herbst hierher, rät Jørgensen, wenn die Winde lau sind und die Luft leicht, wenn die Herbstblumen blühen und die Alten auf den Parkbänken einen Schwatz halten. Natürlich wird man in der Allégade in einer der altertümlichen Gartenwirtschaften einkehren, wo im Schein der Lampions die Familien mit ihren mitgebrachten Essenskörben saßen und sitzen. Etwa in M. G. Petersens Gamle Familiehave in der Pile Allé 16, nahe am Zoo. Mit Spielplatz und Musik. Mit Schweinebraten, Würstchen und Roastbeef mit Zwiebeln. »Leider ist Frederiksberg todgeweiht«, so Jørgensen 1893. Warum nur? Überall, so beobachtet er, verschwinde »eine alte Villa nach der anderen, Bäume werden gefällt, Kalkgruben werden gegraben, wo vorher Blumen und Gras wuchsen – und binnen kurzem erhebt sich ein fünfstöckiges Miet-Palais auf dem alten Grund.« Damals lag zwischen Frederiksberg und der Inneren Stadt noch offenes Land. Mit Unbehagen sieht Jørgensen, wie vom Zentrum her ein Häusermeer auf das alte, ruhige Frederiksberg zurollt.

Der Name des Häusermeers ist Vesterbro. Mit Vesterbro beginnt ein neues Kapitel im Buch von Kopenhagen: »Vom Gartenidyll zum Realismus der großen Straßen. Von den sanften Träumen in herbstgoldenen Parks zum kummervollen Kampf eines Armeleuteviertels ums Leben in einer Welt aus Kälte und Schmutz.« Man soll dieses Viertel in der feuchten und kalten Jahreszeit sehen, rät der Autor. Dann erkenne man seinen Charakter am besten. Alles erscheint dem Betrachter hier gleichförmig, wie mit dem Lineal gezogen, und in jeder Wohnung, in jedem Zimmer drängen sich Menschen dicht an dicht. In der Vesterbrogade und den tristen Seitenstraßen reiht sich ein Kramladen an den anderen, mit gebrauchten Kleidern, Eisenwaren oder Schuhen, dazwischen Barbiersalons und Kellerkneipen. Tagsüber herrscht das Regime der Trillerpfeife – in der Fabrik, in der Schule –, abends erwachen die freudlosen Gassen zum Vergnügen. In den großen Tanzsälen »lärmt ein vergnügungssüchtiges Gewimmel von Männern und Frauen zu den Tönen einer Musik, die so überhitzt ist wie die trockene, staubige Luft in den überfüllten, überhitzten Räumen«, und draußen vor den Etablissements warten in der Kälte in langen Reihen die Kutscher und vertreiben sich die Zeit mit Bier, das sie aus dem nächsten Tabakgeschäft geholt haben. Bilder aus Vesterbro, als es noch der Arbeiterklasse gehörte.

Zwischen Vesterbro und dem alten Zentrum liegen die neuen Viertel, die nach der Niederlegung der alten Wälle entstanden. Jørgensen mag sie nicht, sie verkörpern für ihn das kalte, moderne Großstadtleben. Ihn stört auch der Wind, der unaufhörlich über die neuen Boulevards pfeift. Wenn Frederiksberg eine Provinzstadt ist und Vesterbro die Vorstadt der Arbeit und des Vergnügens, dann verkörpert für ihn das Wallviertel das neue, gesichtslose Kopenhagen. Der Tivoli, der Hauptbahnhof, die Parks, die Seen und alles, was an ihnen liegt, scheint vor dem strengen Auge des Melancholikers eine seelenlose, industriell gefertigte Stadtkulisse – und ist es auch, nicht anders als das Paris der Großen Boulevards. Und wer spaziert auf diesen Boulevards? Es sind »Geschäftsleute, Beamte, wohlhabende Menschen, die hier in diesen breiten und großstädtischen Straßen leben, die aber ihr Geschäft in der City haben. Für sie rollen die geschäftigen Straßenbahnen; auf sie warten die vielen Droschken an den zahlreichen Haltestellen.« Homo Oeconomicus hat hier die Herrschaft übernommen, und damit ist der Geist der Zeit unerfreulich geworden.

Hinein in die Innere Stadt, zum Strøget, dem ewig pulsierenden Korso und in die Wildnis seiner Nebengassen: zur einen Seite hin ein Gewirr von schmutzig-engen Gassen ohne einen Lichtstrahl, zur anderen, besseren das Viertel der Humanisten, der Handwerker und Theologen. Für den hauptstädtischen Stoffwechsel, sagt Jørgensen, bedeute die Gegend nicht viel. Wie der lebende Organismus verfüge auch der städtische über Venen, durch die dem Herzen neue Kräfte zugeführt werden, und Arterien, durch die frisches Blut ins ermattete Gewebe gepumpt wird. »Durch den Strøget pulsiert das hektische Leben des Handels und bringt neues Blut in den steinernen Körper der Stadt: Durch die breiten Adern des Hafens und das Adernetz der Kanäle führen die Schiffe neue Nahrung in die Stadt hinein«, Güter, die von den Großstadtmassen verzehrt und verschlissen werden. So sehr Jørgensen das Volk liebt, so bange ist ihm vor den Massen.

Allmählich kommt der Fußgänger der Hafenfront näher, den vielen Wasserwegen, die sich um die Insel Slotsholmen herumwinden, und den Fischmärkten am Gammel Strand. Weiter nördlich fängt die Hafenwelt an, mit Nyhavn, dem alten Stichkanal, und dem Zollamt, mit Kränen und großen roten Packhäusern, mit der Reede und den Kontoren der großen Schifffahrtslinien. Hier herrscht immerwährende Geschäftigkeit, während ein paar Meter landeinwärts, in den vornehmen Straßen der Frederiksstadt, bei Schloß Amalienborg und der Marmorkirche, von all dem Treiben nichts zu spüren ist. Hier liegt Kopenhagens Faubourg Saint-Germain, das Viertel um die Bredgade, eine der stilvollsten Gegenden der Stadt, geprägt von vornehmer Leere (und heute von einer Vielzahl nobler Auktionshäuser).

Nun führt der Weg hinüber auf die andere Seite des Meeres, das hier nicht breiter ist als ein Fluß. »Das alte, besondere Christianshavn … Stadt meiner Jünglingsjahre«, Klein-Amsterdam mit seinen Grachten ruft in Jørgensen tausend

Gänge zur Lateinschule in Nørrebro wach. Noch immer kommt ihm hier das Geräusch der Pferdebahn in den Sinn, wenn sie über die Knippelsbro rollte. Dann wendet er sich wieder stadteinwärts, spaziert durch die lange Bredgade nach Norden, einem anderen Kopenhagener Korso entgegen – diese Stadt besteht, könnte man meinen, im wesentlichen aus Vergnügungsparks und Flaniermeilen. Hier fängt die Langelinie an, noch eine Bummelzeile für die Sonntage, und »in unserem Hafen das Symbol für den poetischen Drang zu verweilendem Beschauen, zu träumender und müßiger Freude über das Leben, das andere leben«. Gleich dahinter liegt das Kastell, und landeinwärts kommt man nach Østerbro, in ein anderes Viertel, das dem Melancholiker zu denken gibt. Auch hier wälzt sich die Stadt heran, verschluckt die alten Gärten und Höfe, setzt an das alte Grünland die Maße des Katasters an. Rosenvængets Quartier war der Inbegriff solcher Herrlichkeit, ein weitläufiges Terrain mit Landvillen in großen Gärten, und jetzt rücken Mietshäuser von allen Seiten vor. Es wird bald vorbei sein mit dem Landleben, in Østerbro und anderswo, so heißt der Kehrreim dieser Klagen. Mit Schmerz beobachtet der Stadtwanderer, wie sich Natur in Stein verwandelt: Er will kein Städter sein, oder wenn schon, dann wünscht er sich zurück in die Stadt hinter den Wällen, in eine Stadt, die nicht wachsen konnte und das Land unangetastet ließ. Jetzt ist die Stadt aus der Flasche entwichen wie ein Teufel.

Wer mit Jørgensen durch Kopenhagen geht, kommt zu guter Letzt nach Nørrebro. Rund um Nørrebros Hauptstraße, die Nørrebrogade, ist damals ein Arbeiterviertel aus dem Boden geschossen, das Jørgensen noch trostloser findet als andere. Hier wird nicht einmal gefeiert wie in Vesterbro, hier wird nur gearbeitet: »In Vesterbro arbeiten alle Männer, in Nørrebro sind sogar die Frauen Fabrikarbeiter.« Einst hat hier der Sozialismus seine Armeen rekrutiert, und hier hat er sie aufmarschieren lassen. Im Fælledpark, Kopenhagens großem Volks-park, in dem sich einst am 1. Mai die Arbeiterklasse vollzählig versammelte. Die Zukunft, die Jørgensen 1893 so bedenklich heraufziehen sah, liegt längst hinter uns. Auch Jørgensens Melancholie ist verschwunden. Wer könnte sich noch an das Schöne erinnern, das er schwinden sah? Die neue Häßlich-keit, die ihm Kummer bereitete, kommt uns inzwischen schön vor. Kopenhagen leuchtet, und zwar gerade dort, wo damals Schwer- und Sorgenmut herrschten, in den Proletarierviertln wie Vesterbro und Nørrebro. Das hätte sich Johannes Jørgen-sen nicht träumen lassen.

Kapitel 10

Der Strich und die Wälle.
Lebenswege des Søren Kierkegaard

*»Es ist ein recht merkwürdiges Zusammentreffen,
daß auf der Østergade zwei Konditoren einander
gegenüberwohnen.«*
(Søren Kierkegaard, *Tagebuch des Verführers*)

Weil in Kopenhagen gerade wieder ein Streit um Kierkegaard
entbrannt ist, habe ich mich zur Teilnahme an einem Lokal-
termin entschlossen. Auf Initiative des Kierkegaard-Kreises in
Gilleleje wird uns Peter Tudvad, Verfasser des eben erschienenen Buches *Kierkegaards København*, zu einigen Lebensschau-
plätzen des berühmten Mannes führen. Das wäre sonst wohl
ein ganz normaler Kulturspaziergang, hat aber in diesen Tagen
eine unerwartete Brisanz bekommen. Nicht zum ersten Mal
erhitzt das geistige Kopenhagen die Frage, wer und was Søren
Kierkegaard denn nun eigentlich gewesen sei. Ein Literat? Ein
Dandy? Oder ein theologischer Denker, dem Christus das Maß
all seines Tuns und Denkens war, so sehr, daß er die meisten
seiner Zeitgenossen und erst recht die offizielle Kirche damit
verstörte?
Peter Tudvad, ein Enddreißiger mit unakademischem Habitus,
ist Forscher am Kopenhagener Kierkegaard-Zentrum. In jungen Jahren soll er sich aktiv am Widerstand der Autonomen
gegen die dänische EU-Mitgliedschaft beteiligt haben; eine
Darstellung, die Tudvad selbst bestreitet. Wenn es um Kierkegaard geht, ist ihm jedenfalls Militanz nicht fremd. Wie es aussieht, hat sich Søren Kierkegaard zu Tudvads persönlichem

Lebenslehrer entwickelt, den es fortan gegen jede Vereinnah-
mung und Fehlinterpretation durch andere zu schützen gilt.
Die Präsentation seines Buches hat Tudvad mit einem Frontal-
angriff auf seinen Kollegen Joakim Garff verbunden, dessen
große Kierkegaard-Biographie – die vor kurzem auch auf
Deutsch erschienen ist – er der philologischen und sogar der
moralischen Nachlässigkeit zieh. Die Attacke kam überra-
schend. Gerade erst hatte sich alle Welt darauf geeinigt, daß
Garffs elegant erzählende und bei allem Respekt nicht uniro-
nische Lebensschilderung fürs nächste das Maß jeder Beschäf-
tigung mit Kierkegaard abgeben würde. Nun tobt ein Zei-
tungsstreit unter Kollegen und tätiger Mithilfe zahlreicher
Sekundanten, in dem es vordergründig um Fragen der philologischen Solidität, dahinter aber um die Frage geht, welches
Bild von Kierkegaard die historische Wahrheit auf seiner Seite
hat. Vor allem entzündet sich Tudvads Angriff am Fall des Dieners Strube, der …
Aber das würde im Moment wohl zu sehr ins Detail führen.
Andererseits führen alle Wege zu Kierkegaard unweigerlich ins
Detail. Bevor wir uns aber mit Details abgeben, ist eine Antwort auf die Frage fällig: Wer war Søren Kierkegaard? Er war
ein Kopenhagener. Ein Stadtspaziergänger. Ein Original und
ein Genie. Ein Schriftbesessener. Ein Wohltäter. Ein Jungge-
selle. Und natürlich der größte Schriftsteller und Denker, der
je *intra muros* gelebt hat. Zeitlebens hat Søren Kierkegaard
seine Stadt, an der er kaum weniger hing und litt als Kafka an
Prag, nur selten verlassen. Ein paarmal war er in Berlin, einmal
in der Geburtsgegend seines Vaters im Norden Jütlands. Das
war schon alles, wenn man von regelmäßigen Landpartien in
den Norden Seelands absieht.
Søren Kierkegaard (das ist die Kürzest-Biographie, die Peter
Tudvad in seinem Buch gibt) »kam am 5. Mai 1813 als siebtes
und letztes Kind des ehemaligen Strumpfhändlers M. P. Kier-

Søren Kierkegaard (1813–1855), Zeichnung von
Peter Christian Klæstrup, 1850

kegaard und dessen Ehefrau Ane Sørensdatter Lund zur Welt. Das Elternhaus am Nytorv 2 war vermutlich von der väterlichen Schwermut und von der chronischen Krankheit der älteren Schwester geprägt, die sie 1822 das Leben kostete. 1830 beendete er die Schulzeit an der Kopenhagener Borgerdyd-[= Bürgertugend-]Schule und nahm das Studium auf, das über Jahre ohne Ziel und Zweck verlief. Stud. Theol. Søren Kierkegaard hörte lieber Philosophie und Ästhetik als Theologie und ging auch lieber ins Café, in die Studentenvereinigung und ins Theater, als zu studieren. Seine Familie wurde in diesen Jahren durch Todesfälle kräftig dezimiert, so daß 1838 – nach dem Tod des alten Strumpfhändlers – nur Kierkegaard und sein Bruder zurückblieben. Die Brüder erbten außer dem Elternhaus am Nytorv ein großes Vermögen, das Kierkegaard durchbrachte, indem er eine kostspielige Haushaltung in teuren Wohnungen führte. In der Zwischenzeit hatte er auch die väterliche Schwermut geerbt, die angeblich auch der Grund dafür war, daß er sich nicht imstande sah, Regine Olsen zu heiraten, mit der er 1841 nach einjähriger Verlobung brach. Im Gegenzug begann er eine mächtige schriftstellerische Produktion, die ihren eigentlichen Anfang mit *Entweder – Oder* im Jahre 1843 nahm und mit einer Reihe polemischer Schriften gegen die Staatskirche und ihre Priester 1855 ihren Abschluß fand. Im selben Jahr mußte Kierkegaard seiner schwachen Gesundheit Tribut zollen und ließ sich ins Frederikshospital einweisen, wo er am 11. November 1855 starb.« Soweit Kierkegaards komprimierter Lebenslauf. Daß man ihn ausführlicher erzählen kann, hat Joakim Garff auf 958 Seiten demonstriert, ohne daß man dem Buch vorwerfen könnte, es hätte Längen. Kierkegaards Kopenhagen will uns Peter Tudvad zeigen, aber er muß sich zwangsläufig beschränken. Kierkegaard, der Kopenhagener Peripatetiker, der Stadtgänger und -beobachter, der »Vigilius Haufniensis« oder frühwache Kopenhagener, wie eines seiner Pseudonyme lautet, Kierkegaard ist überall in Kopenhagen gegenwärtig: in den schmalen Biedermeiergassen der Inneren Stadt ebenso wie auf den Überbleibseln der Wälle, die zu seinen Lebzeiten die Stadt umfaßten und ihren Bürgern die Luft zum Atmen nahmen. Ebenso findet man seine Spuren in den grünen Quartieren rings um die Seen und beim Frederiksberger Schloß. Die zehn Orte, an die uns Tudvad führt, liegen allesamt in einem Radius von vielleicht einem Kilometer im Nordwesten der Innenstadt. Daß es hier heute nicht viel anders aussieht als im Goldenen Zeitalter, in dem Kierkegaard lebte, trägt zum Reiz dieser Begehung bei. Zwar sieht es aus wie damals, aber damals muß es anders gerochen haben. Gestank und Gewimmel in Kierkegaards Tagen müssen ihm und seinen Zeitgenossen schier den Verstand geraubt haben. Nicht nur im übertragenen Sinn hat man sich die Stadt als Saustall vorzustellen. Kopenhagen war dramatisch überbevölkert, es lebten außerdem innerhalb der Stadtmauern an die 1 600 (eine Zahl, in der Tudvad und Garff differieren) Schweine und Kühe, deren Kot offen durch die Rinnsteine auf Holmens Kanal zutrieb. Weil aus berechtigter Angst vor feindlichen Angriffen die Stadt wie eine Festung bewacht wurde, schmorten ihre Bewohner im eigenen Saft. Noch unmittelbar vor Kierkegaards Tod grassierte in Kopenhagen die Cholera und forderte Tausende von Menschenleben. Als die Wälle verschwanden, war Kierkegaard schon tot. Von der modernen Zeit und ihren Segnungen hat er, anders als H. C. Andersen, nichts mitbekommen. Ob er sie gemocht hätte? Er war kein Freund der Demokratie und auch kein Freund der Presse; wie Nietzsche verachtete er die Herdentiere. Doch wenn sie ihm als einzelne unterkamen, konnte er durchaus herzlich zu ihnen sein. Wer also war Søren Kierkegaard? Ein Luftikus? So, behauptet Tudvad, habe Garff ihn gezeichnet, was Garff mit gutem Recht bestreitet. Ein Samariter in tätiger Nachfolge Christi – so sieht ihn Tudvad selbst? Oder vielleicht eine seltene Mischung aus beidem, wie es Leser Henrik Klindt-Jensen in der Zeitung *Information* vom 14. Juni 2004 vorschlägt, also ein frommer Luftikus?

Unsere Kierkegaard-Tour fängt am Nytorv an, wo Kierkegaards Geburtshaus stand, an dessen Stelle sich seit 1908 das monumentale Gebäude der Danske Bank erhebt. 1808 hatte der Vater, ein alter, vermögender und schwermütiger Mann, das Haus gleich neben dem Stadtgericht erworben, in dem Kierkegaard mit Unterbrechungen von 1813 bis 1848 lebte. Viel ist nicht überliefert aus Kierkegaards jungen Jahren, aber sie können nicht sonderlich heiter gewesen sein – ein Leben in der Obhut eines strengen Vaters und eines nicht minder strengen Gottes. Hier am Nytorv ist von Kierkegaards Existenz nicht viel zu spüren. Weiter also, ein paar Schritte über den Strøget, den »Strich«, die zentrale Meile, die einst der kulturellen Welt als Laufsteg diente, hin zur Helligåndskirke, wo Kierkegaard die Taufe empfing und später den Predigten des Pastors Spang lauschte. Man könnte ausführlicher vom Strøget erzählen, als Tudvad es tut, denn schließlich war diese Straße – und namentlich ihr oberer Teil, die Østergade – so etwas wie Kierkegaards öffentliches Wohnzimmer. Man lese nur im *Tagebuch des Verführers*, dem berühmtesten Kapitel aus *Entweder – Oder*, welche Rolle darin die Østergade spielt. Durch Kierkegaard ist sie die literarischste aller Kopenhagener Straßen geworden, Schauplatz jenes dialektischen Versteckspiels, das der Autor eben hier zwischen Intellekt und Sinnlichkeit, dem »Ethischen« und dem »Ästhetischen« in Szene setzt. »Das habe ich gern: abends allein auf der Østergade«, heißt es da, und weiter, an Cordelia, das Opfer seines Kalküls gerichtet: »Ja, ich sehe wohl den Diener, der Ihnen folgt, glauben Sie nicht, daß ich deshalb schlecht von Ihnen denke, weil Sie ganz allein gehen wollen, glauben Sie nicht, daß ich so unerfahren bin, daß ich, bei meiner Kenntnis der Situation, nicht sogleich die ernste Gestalt beobachtet hätte?« Nichts würde den Verführer weniger reizen und womöglich mehr schrecken, als Hand in Hand mit der Geliebten über die Promenade zu schlendern, als gemachter Mann und Heiratskandidat. Wieviel aufregender ist es doch, einer Fremden auf der Straße ein Lächeln zu entlocken. »Ich gebe 100 Taler für das Lächeln eines jungen Mädchens bei einer Begegnung auf der Straße, keine 10 Taler für einen Händedruck auf einer Gesellschaft.«

So spricht der Genießer, den nichts mehr langweilt als das Offensichtliche. Erst Heimlichkeiten, Hintergedanken, Schach- und Winkelzüge erheben die Erotik in den Rang eines intellektuellen Abenteuers; und wenn dabei die Erfüllung auf der Strecke bleibt, lacht sich der Verführer nur ins Fäustchen. Nicht daß es im Leben zwischen Regine Olsen und Søren Kierkegaard genauso zugegangen wäre. Kierkegaards Version von Don Juan verwirklicht sich überhaupt erst und nur in der Phantasie. Von Phantasie will Peter Tudvad, der strenge Philologe, auf unserem Spaziergang wenig wissen. Er ist ein nüchterner Mann, er glüht geradezu vor Nüchternheit. Weiter geht es zum Gråbrødretorv, dem Platz der Grauen Brüder, und von dort zum Haus des Verlages Gyldendal, in dem damals die Borgerdydskole untergebracht war, eine Anstalt, in der Kierkegaard und seine Mitschüler unter der Rute des strengen Rektors Nielsen erfuhren, was Furcht und Zittern bedeuten. Dessen Spezialität war die doppelte Backpfeife, erst mit der Vor-, dann mit der Rückhand. Als »schwarze Schule« geißelte der Kirchenvater Grundtvig die Methoden dieser Anstalt, doch Kierkegaard erhielt sich lebenslang eine gewisse Dankbarkeit für den eisernen Rektor und das enorme Wissenspensum, das er seinen Schützlingen einbleute.

Bei der Trinitatis-Kirche, damals auch Runde Kirche genannt, weil ihr markantester Teil der Runde Turm ist, wird es Zeit für einen kleinen Exkurs in die rauhe Wirklichkeit des damaligen Kopenhagen. In dieser Kirche wurde Kierkegaard 1828 von Mynster, dem nachmaligen Bischof und Widersacher, konfirmiert, aber eigentlich will uns Peter Tudvad an dieser Stelle etwas über öffentliche Frauenzimmer erzählen, von denen es in Kierkegaards Kopenhagen an die tausend gab. Das alte Gerücht freilich, nach dem Kierkegaard selbst mit einem oder mehreren dieser Frauenzimmer verkehrt und sich dabei eine syphilitische Erkrankung zugezogen habe, entbehrt für ihn der Grundlage. Den Prostituierten habe sich Kierkegaard genähert wie Christus der Maria Magdalena, mit einer entwaffnenden und unschuldigen Herzlichkeit, die jede Barmherzigkeit an Wirkung übertrifft. Als wacher Stadtmensch hatte Kierkegaard Augen für alle und alles. Wegschauen war ihm fremd. Wie anders könnte einer Existentialist heißen, wenn er nicht auf das Recht eines jeden Menschenlebens auf Subjektivität pochte?

Wir gehen weiter zu Kierkegaards Wohnung in der Rosenborggade, wo er zu Ostern 1848 in das spätklassizistische Haus des Gerbermeisters Gram einzog. Keine gute Wahl, denn die frisch abgezogenen Tierhäute verbreiteten einen bestialischen Gestank. Joakim Garff gibt in seiner Biographie ein markantes Bild des Schreckens: »Wenn die Gerber in der Rosenborggade ihre Wannen in die Gosse schütteten, (...) floß das stinkende Wasser langsam die Frederiksborggade hinunter, über Kultorvet und die Købmagergade, weiter über Strøget, um dann am Højbro Plads in der Nähe von Slotsholmen in den Kanal zu schwappen. Beinahe 80 Kilometer Rinnsteine mit einer Gesamtoberfläche von ungefähr 3 000 Quadratmetern liefen durch die Stadt, und da das Gefälle ganz ungenügend war, erreichte das stinkende Wasser selten den Rinnenauslauf und sickerte statt dessen unterwegs langsam in die Erde.« Angesichts der herrschenden sanitären Verhältnisse half es nicht viel, daß Kierkegaard bald ins Nachbarhaus umzog. Die Rosenborggade stank vom Anfang bis zum Ende. Gegenüber lag Pjaltenborg, eine Notherberge für Almosenempfänger und andere Gestrandete, so eng, daß manch einer festgezurrt im Stehen schlief. Gerade ist in Kierkegaards zweitem Wohnhaus in der Rosenborggade für 3,9 Millionen Kronen eine Wohnung zu verkaufen.

An dieser Stelle muß nun doch der Fall des Dieners Strube erörtert werden. Wie verhielt es sich wirklich mit dem isländischen Schreinergesellen, der mit seiner Frau und zwei Töchtern gemeinsam mit Kierkegaard und dessen Diener Westergaard in der Wohnung in der Rosenborggade gewohnt hat? Von Kierkegaard weiß man, daß er es sich in dieser Zeit nicht schlechtgehen ließ. »Seine bevorzugten Speisen«, berichtet Garff, »waren Ente, in Curry oder gepökelt, Gans, wiederum gepökelt, als ganz gewöhnlicher Gänsebraten serviert, oder eine Gänsebrust mit Spinat oder Schnittbohnen, aber auch Taube und Lachs.« Daß Strube und die anderen Hausgenossen dem gleichen Menüplan folgten, ist unwahrscheinlich. Welche Rolle aber spielten sie überhaupt in Kierkegaards Haushalt? Folgt man Tudvad, dann hat Kierkegaard den Mann, dessen Frau in seinem Elternhaus als Kindermädchen tätig gewesen war, aus Mitleid ins Haus genommen. Die Familie war arm und ihr Ernährer psychisch krank; und als seine Krankheit schlimmer wurde, besorgte ihm Kierkegaard über Beziehungen einen Platz im Frederikshospital. Wenn, so sagt Tudvad, Garff Strube einfach als einen weiteren von Kierkegaards Dienern hinstelle, werde der falsche Eindruck erweckt, der Prasser und Lebemann habe einen ganzen Staat von Lakaien beschäftigt. Die Quellen jedoch wiesen Kierkegaard als Freund der Armen und Bedürftigen aus, wovon auch die Höhe seiner Almosenzahlungen Zeugnis ablege. Sie sei nämlich fast genauso hoch wie die seiner Essensrechnungen. Jeden Sonntag habe er dem Spielmann vor der Haustür einen Reichstaler gegeben. Woraus man schlicht folgern könnte, daß Søren Kierkegaard gern Geld ausgab, und das keineswegs nur für sich. Der Gedanke jedoch gefällt Peter Tudvad nicht. Wer behaupte, daß Strube Kierkegaards Diener und nicht sein Schutzbefohlener gewesen sei, der mache sich einer moralischen Verfehlung schuldig. Statt Kierkegaards Leben psychologisch zu zerpflücken, sollten wir lieber in ihm das Beispiel erkennen, dem es nachzufolgen gilt. Während wir an der zugigen Ecke stehen und Tudvads Plädoyer für den barmherzigen Kierkegaard lauschen, wird mir klar, daß es hier um etwas ganz anderes geht. Wem gehört Kierkegaard, das scheint die Frage: den Theologen oder den Philosophen? Aber muß man die Frage im Modus des »Entweder-Oder« beantworten? Während es Garff in seiner Biographie darauf anlegt, Kierkegaard als Sterblichen zu präsentieren, ihn in die zeitgenössischen Kontexte zu stellen und ihn als Ästhetiker zur Geltung zu bringen, will Tudvad ihn als radikalen Ethiker wiederherstellen, als Gottsucher und moralisches Vorbild. Wenn Streit ein Indikator für die Vitalität eines philosophischen Werks ist, dann kann man sagen: Kierkegaard lebt. Aber ist es überhaupt ein philosophischer Streit, der hier tobt? Vielleicht macht Peter Tudvad ja gerade auch ein bißchen Reklame für sein Buch.

Es sind nur ein paar Schritte zum Kultorvet, wo Kierkegaard von 1838 bis 1840 lebte. Ganz in der Nähe liegt Nørreport, das Nordertor, durch das die Postreiter mit der Tagespost herein- und hinausritten. Derlei Dinge hat Kierkegaard in seinen Tagebüchern registriert. Beobachtungen aus dem Alltagsleben stehen bei ihm gleich neben abstrakten Gedankengängen. Es ist diese enorme Durchlässigkeit zwischen den Früchten des Denkens und denen des Gehens und Hinsehens, die den eigentlichen Reiz und die Prägnanz, manchmal auch die Schwierigkeit seiner Schriften ausmacht. Durch Tudvads quellenkritische

Lupe betrachtet ist so ein Satz wohl haltlos, also lieber weiter zum Dyrkøb Nummer 5, wo Kierkegaard nach seiner Rückkehr aus Østerbro im Jahre 1852 eine Wohnung bezog. Ohne Strube und auch sonst ohne Personal, sondern als bescheidener Mieter dreier Zimmer in der Beletage einer Frau Borries. Auf seine späten Tage wollte Kierkegaard selbst ein Muster an Bescheidenheit werden, sagt Tudvad. Gegenüber steht Kopenhagens Domkirche, die hier 1829 eingeweiht worden war, nachdem das englische Bombardement von 1807 die Vorgängerkirche in Schutt und Asche gelegt hatte: »Ich wohne jetzt so nahe an der Frauen-Kirche«, schreibt Kierkegaard, »daß ich in der Nacht den Ruf des Wächters hören kann, der jede Viertelstunde ruft. (…) Er ruft mit lauter, hoher Stimme, deutlich, als stünde er neben mir, so laut, daß er mich fast müßte wecken können, falls ich schliefe (was ich nicht gewünscht habe); er ruft: Ho, Wächter!« Am Ende seines kurzen Lebens hat sich Kierkegaard in Sichtweite des Gegners eingerichtet.

Hier an der Vor Frue Kirke, nur fünfzig Meter vom Geburtshaus am Nytorv entfernt, endet unser Rundgang. Von hier aus ist Kierkegaard am 18. November 1855 zu Grabe getragen worden. Bischof Martensen hat von seiner Residenz aus das Treiben beobachtet und in einem Brief vom selben Tag seinem Ärger freien Lauf gelassen: »Etwas so *Taktloses* von seiten der Familie wie ihn an einem *Sonntag*, mitten zwischen zwei Gottesdiensten, von der *Haupt*kirche des Landes aus zu Grabe zu tragen, ist beinahe ohne Vergleich«, schreibt er da und berichtet von einer riesigen Trauergemeinde aus »jungen Menschen und einer Menge obskurer Personen«. Auch Hans Christian Andersen war in der Kirche und berichtet in einem Brief von chaotischen Verhältnissen, von »Weibsleuten mit roten und blauen Hüten« und von »Hunden mit Maulkörben«. Manchmal kann man den Eindruck gewinnen, der Tumult um Kierkegaard habe sich bis heute nicht ganz gelegt.

Kapitel 11

Frisch, fromm, fröhlich, frei.
Grundtvig in Vartov

»Der Norden insgesamt und Dänemark über alles! So
lautet, wie Sie wissen, der Kehrreim all meiner Lieder.«
(N. F. S. Grundtvig, 1838)

Ich will hören, was mir Svend Petersen über die dänische Fol-
kekirche, die evangelisch-lutherische Staatskirche zu sagen
hat. Er kennt sich aus auf diesem Gebiet, weil er selbst ein Pfarrer ist. Die dänische Volkskirche, sagt mir Svend, ist eine
grundtvigianische Erfindung. Das muß man dem deutschen
Publikum erst einmal erklären, weil der dänische Kirchenvater
Nikolaj Frederik Severin Grundtvig (1783–1872) nur in Dänemark richtig berühmt ist. Grundtvig, der Prediger und Dichter, der Volkserzieher, Aufklärer und Politiker, der Martin
Luther und Turnvater Jahn des Dänentums, hat Kirche und
Gesellschaft seinen Stempel aufgedrückt wie kein zweiter. Auf
ihn geht es zurück, sagt Svend, wenn noch heute in der dänischen Volkskirche kein Geistlicher im Namen der Gesamtkir-
che sprechen darf – keine Synoden, kein Kirchenparlament,
keine politische Willensbildung gibt es in ihr. Dafür entschei-
det selbst noch über die Lieder im Gesangbuch der Kirchen-
minister. Kein Gremium soll das Gespräch des einzelnen mit
Gott stören. Volkskirche heißt sie auch, weil in ihr das Volk
bestimmt, die Gläubigen und ihre Gemeinde. »Rummelig-
hed«, Geräumigkeit, heißt ihr Ideal. Ein Haus also, in dem es
viele Wohnungen, aber keinen Hausmeister gibt.

»Folkelig« ist das Wort, das Grundtvig in diesem Zusammenhang prägte. Wie soll man es übersetzen? »Volkstümlich« vielleicht? Mit dem Bekenntnis zum »Folkeligen« ging bei Grundtvig ein glühendes Nationalgefühl einher. »Erst Mensch, dann Christ«, hieß eine seiner Parolen, und das sollte eigentlich bedeuten: »Erst Däne, dann Mensch, dann Christ«, denn von den Dänen sprach Grundtvig gern als von »Gottes auserwähltem Herzensvolk«. Wie andere Kirchenväter stiftete Grundtvig die zur Verbreitung der Lehre erforderlichen Bildungsanstalten gleich mit. »Folkehøjskole« nennen sich die landesweit verbreiteten Internate, in denen Jugendliche und Erwachsene zusammenkommen zu Bildungserlebnissen und gemeinsamem Gesang – Grundtvigs Alternative zur hergebrachten Lateinschule. Draußen auf dem Land sollten Bürger und Bauern in seinem Geiste erzogen werden; ein Erfolgsmodell, das seit einiger Zeit in der Krise steckt. Manch einer belächelt das Biedere der »Folkehøjskole« und kann doch seine Prägung nicht verleugnen: eine meistens gesunde Abneigung gegenüber Autoritäten und Abstraktionen aller Art und die Gabe des mündlichen Ausdrucks. Sie geht zurück auf Grundtvigs Verklärung des lebendigen Worts und lebt in den meisten Dänen bis heute fort. Frisch sein, fromm, fröhlich und frei, das ist Grundtvigs Erbe.

Jetzt wird es Zeit zum Singen; auch in der dänischen Volkshochschule wird vor und nach dem Vortrag ein Lied aus *Folkehøjskolens Sangbog* gesungen, und nicht anders hat es auch der bekannte Schriftsteller Ebbe Kløvedal Reich gehalten, als er kürzlich in Grundtvigs Hochburg, dem Vartov-Stift im Herzen Kopenhagens, zwölf Vorträge zur Erinnerung an Grundtvigs berühmte Vorlesungsreihe *Mands Minde* (»Eines Mannes Erinnerung«) von 1838 hielt. In ihnen hat Reich, der einmal ein führender dänischer Linksradikaler war, die dänische Geschichte seit 1940, wie er sie sah, ganz einfach dem Publikum nacherzählt, ein Unterfangen in der grundtvigianischen

Tradition somit, das, wie es sich gehört, von Liedern eingerahmt war. Von Liedern wie dem folgenden. Es steht wie Dutzende anderer Grundtvig-Gesänge im großen Gesangbuch der Dänen, von dem mir die dreizehnte Auflage der siebzehnten Ausgabe aus dem Jahre 1996 vorliegt, und stammt aus dem Jahre 1838:

1. Mutters Name ist ein himmlischer Ton, / So weit das Blau der Welle reicht; / Mutters Stimme ist des Kleinen Wonne / Und erfreut, wenn die Schläfen ergrauen. / Süß in Lust und süß in Not, / Süß im Leben und im Tod, / Süß im Nachruhm!

2. Mutters Stimme ist das Wiegenlied, / Das uns am besten von allen gefällt, / Muttersprache hat einen himmlischen Klang, / Wenn die Kinder »Mutter« plappern, / Süß …

3. Muttersprache ist die Sprache der Schönen, / Die uns in der Jugendzeit bezaubern; / Muttersprache ist auch die Sprache der Liebsten, / Die wir als weiße Tauben umfangen, / Süß …

So geht es weiter, zwanzig Strophen lang, ein großer Gesang zur Verherrlichung der dänischen Sprache in den Mündern dänischer Mütter und Mädchen. Grundtvig war nicht nur ein großer Patriot, sondern ein noch größerer Verehrer des weiblichen Geschlechts. War er auch ein großer Poet? Meine dänischen Freunde sagen: Ja. Grundtvigs Größe, sagen sie, darf man nicht an solchen Strophen messen; sie offenbart sich anderswo in seiner unerschöpflichen poetischen Produktion. Was immer man über Grundtvigs Lieder denkt, eines steht fest: Sie haben ihre Wirkung nicht verfehlt. Sie wiesen einer von Niederlagen und Krisen gebeutelten Nation den Weg zu einem Selbstbewußtsein, das nicht durch Expansion und Stärke, sondern durch den zivilen Innenausbau der Nation,

Nikolaj Grundtvig (1783–1872), hier 1872

durch Volksbildung und Demokratie zu erringen war. Noch
heute singt man seine Lieder gern, auch wenn die Zweifel an
Grundtvig zunehmen. War er nicht ein eifernder Nationalist
und Demagoge? Andererseits verbindet sich mit seinem
Namen das große Erbe des dänischen Liberalismus. Gleichwie,
der Alte mit dem unglaublich zerfurchten – und wie es einem
Besucher schien, »jahrhundertealten« – Gesicht imponiert
uns.
Wer Grundtvig verstehen will, der muß in Grundtvigs Lande
gehen, ins Vartov-Stift in der Farvergade nah beim Rathausplatz. Dorthin hatte sich in Grundtvigs Sterbejahr 1872 auch

der junge englische Kritiker Edmund Gosse begeben, der später in einem sehr lesenswerten Buch von seinen Besuchen bei dänischen Geistesgrößen erzählte. »Es fand sich im Norden zu jener Zeit kein merkwürdigerer Mann als Nikolaj Frederik Severin Grundtvig«, schreibt Gosse. 1783 war er auf einem Pfarrhof in Udby auf Seeland geboren worden. Auch der junge Nikolaj wurde Priester, aber als er eine eigene Gemeinde erhielt, war er schon 38 Jahre alt. Die dänische Kirche erschien ihm früh als lebensarm und versteinert, weshalb er alles daransetzte, ihr das Pharisäertum und den Rationalismus, die er für deutsche Untugenden hielt, auszutreiben. Die Amtskirche ließ sich das nicht bieten und enthob Grundtvig 1826 seines Amtes, worauf dieser zur Gründung einer freien Volkskirche aufrief. Gegen die Orthodoxie der Schrift setzte er die Verkündigung des lebendigen Worts, ein Mann der Freiheit und eines Enthusiasmus, der von seiner manisch-depressiven Konstitution befeuert wurde. Freilich war Grundtvig, so sagt Gosse treffend, »wie alle Propheten brennend und einseitig national«.

Nicht nur als Mythologe und Dichter tat sich Grundtvig hervor, sondern auch Politiker, als Mitglied des Folketing und des Reichsrates. Die offizielle Kirche bekämpfte ihn, aber der König war ihm gewogen und setzte ihn 1838 als Kapellan im Altenstift Vartov ein, wo Grundtvig, seit 1861 mit dem Bischofstitel geehrt, bis zu seinem späten Tode blieb und allsonntäglich seine Blitze gegen die erstarrte Geistlichkeit schleuderte. Die Schar seiner Jünger wurde größer und größer, verbreitete sich im ganzen Norden und verkündete überall die Frohbotschaft eines lebenszugewandten Luthertums, aus dem dann zwangsläufig eine Dogmatik des Individualismus, eine Orthodoxie der Ungezwungenheit hervorgehen mußte.

»Wir kamen rechtzeitig«, erinnert sich Gosse, »um den großen Mann zu sehen, draußen in der kleinen Kirche, bei den Bäumen und stillen Kanälen des Vester Volds.« Nach einer Weile geht dann tatsächlich die Sakristeitür auf, und »hinein trat ein Greis, älter als alles, was ich je bei einem menschlichen Wesen gesehen hatte. Schnell trat er zum Altar. Auf der Stelle wurde es totenstille in der Kirche und man hörte eine Stimme, die wie aus dem Keller kam. Es war der Bischof, der laut am Altar betete.« Dann schritt er hinunter zu den ekstatischen Zuhörern »und hielt einen Augenblick in meiner Nähe an, während er die Hand auf den Kopf eines jungen Mädchens legte (…) Für einen Mann von neunzig Jahren machte er keinen schwachen Eindruck; er bewegte sich schnell und sein Gang war fest. Aber seine Haut gab einen überwältigenden Eindruck von Alter. Er glich einem norwegischen Bergtroll und hätte ebenso ein paar hundert Jahre alt sein können.« Oben auf der Kanzel sieht Grundtvig, so Gosse, dann aus wie einer von Ossians Druiden, jemand, an dem die Zeit vorbeigegangen war, jemand, den der Tod vergessen hatte. Ein paar Wochen später war N. F. S. Grundtvig tot.

Kaum ein Tourist verirrt sich nach Vartov, denn von außen wirkt der spätbarocke Gebäudekomplex aus den Jahren 1724/25 unscheinbar. Von Hans Christian Andersen gibt es eine kleine Geschichte, die den Titel *Aus einem Fenster in Vartov* trägt und so anfängt: »Draußen beim grünen Wall, der rings um Kopenhagen verläuft, liegt ein großer, roter Hof mit vielen Fenstern, in denen Balsaminen und Ambrasträucher wachsen; arm sieht es dort drinnen aus und arme Leute wohnen hier. Das ist Vartov.« Vartov, so bestätigt es der unübertroffene Broby-Johansen in seinem Vademecum *Det gamle København* von 1948, war einmal ein Stift für arme alte Leute, das seinen Namen von einem Hof draußen am Strandvej hatte, wo Christian IV. das Stift unterbringen ließ. Der Name »Vartov« soll angeblich Plattdeutsch sein und soviel bedeuten wie »varsko« oder in heutigem Dänisch »værsgo«, also »bitte sehr«. Ein komischer Name für ein Altersheim, wie Broby trocken bemerkt. Später zog man dann in die innerste Innenstadt um, dorthin wo Bischof Absalon um 1160 die ersten Stadtbefestigungen errichtet hatte. Auch Broby sind, wie schon Andersen, die Fenster des Vartov aufgefallen. Im Innenhof stach ihm die kolossale Grundtvig-Statue ins Auge. In der Vartov-Kirche hat Grundtvig am 14. April 1864, dem Jahr der dänischen Niederlage an den Düppeler Schanzen, vor seiner Gemeinde die selbstbewußten Worte ausgerufen: »Wo ist die Königin von Dänemark? Die Königin von Saba kam, um die Weisheit Salomos zu hören.«

»Er war verrückt«, schreibt Broby lapidar, »einer der großen Verrückten der Menschheit.« N. F. S. Grundtvig war Gottes Stellvertreter in Dänemark. Da sollte man ihm den Größenwahn doch verzeihen können. Heute beherbergt Vartov den »Kirkeligt Samfund«, der sich um die Verbreitung des Grundtvigschen Gedankenguts bemüht.

Vielleicht sollten wir noch einmal singen. Kein anderer Liederschreiber ist im Gesangbuch der Volkshochschulen, dem nach der Bibel und Andersens Märchen sicher weitest verbreiteten Buch in Dänemark, so oft vertreten wie Grundtvig. Wie wäre es mit diesem: »Folkeligt skal alt nu være« aus dem Kriegs- und Revolutionsjahr 1848, auf Deutsch:

1. Volklich soll nun alles sein / Im Land ringsum von Kopf bis Fuß, / Etwas Neues ist im Werden, / Das können sogar Dummköpfe verstehen; / Aber kann alles, was zerbricht, wettgemacht werden / Durch das Neue, das erst geboren wird? / Weiß man auch, was man will, / Mehr als »Brot und Spiele«? / Wenn man fragen darf?

Man sieht, hier bemüht sich Grundtvig um eine dichterische Begriffsklärung des von ihm ins Spiel gebrachten »Volklichen«. Wer das Volkliche definieren will, muß wissen, wer ein Däne ist. Strophe sieben, die Grundtvig-Lieder sind meistens sehr lang, gibt Auskunft:

7. Zu einem Volk gehören all jene, / die sich selbst dazuzählen, / Ein Ohr für die Muttersprache, / Feuer fürs Vaterland haben; / Der Rest schließt wie Zauberpuppen / Sich selbst aus dem Volk aus, / Verbannt sich selbst aus dem Geschlecht, / Verweigert selbst sich das Staatsbürgerrecht! / Antwort weiß der Wald!

Die Strophe ist aufschlußreich. Erst erklärt sie die Nationalität zu einem Akt des Willens, dann freilich grenzt sie diejenigen Willigen wieder aus, die nicht vom Feuer für das Vaterland getrieben und mit dem Ohr für die Muttersprache gesegnet sind. Aber es wird noch aparter: Die Ausgeschlossenen haben sich selbst wie von Zauberhand ausgeschlossen. Am rätselhaftesten ist fraglos die Schlußzeile. Grundtvigs Dänemark ist exklusiv in seiner Egalität. Keiner darf Elite sein, aber als Dänen sind alle Elite. So wundert es nicht, wenn heute im Namen Grundtvigs (den man wie Hegel links und rechts auslegen kann) von rechten Theologen dem »dänischen Christentum« das Wort geredet wird. Der Patriarch jedoch steht über allen Flügelkämpfen.

Auch anderswo in Kopenhagen hat Grundtvig Spuren hinterlassen. Etwa in der Marmorkirke oder Frederikskirke, wie sie eigentlich heißt, dem mächtigsten Kirchenbau der Stadt und einem der größten auf der Welt. Dieses merkwürdige und nicht besonders einladende Gotteshaus mit der gewaltigen Kuppel ließ König Frederik V. 1749 aus Anlaß des dreihundertsten Regierungsjubiläums der Oldenburger errichten. Doch bei seinem Tod 1766 war die Kirche noch immer nicht fertig. Hundert Jahre lag sie dann als romantische Ruine im Zentrum Kopenhagens, bis 1874 der Bankdirektor und Finanzmagnat C. F. Tietgen die Initiative übernahm und das Projekt zu Ende führte. Eine Königskirche sollte es nun nicht mehr werden, denn der Absolutismus hatte abgedankt. So kam Tietgen auf den Gedanken, die Kirche in den Dienst des großen Grundtvig zu stellen. Als Grundtvigsche Kathedrale wurde die Marmorkirke 1894 eingeweiht. Es sind eigenartig kalte und gar nicht so »folkelige« Kirchen, in denen der Kultus des dänischen Propheten gefeiert wird. Das gilt erst recht für die Grundtvig-Kirche draußen in Bispebjerg, einen gelben Ziegelbau aus den Jahren 1921–1940. Der Architekt wollte in ihr die typische dänische Dorfkirche ins Monumentale überhöhen und gab dem Gebäude als Ganzes die Gestalt einer Kirchenorgel. So steht man vor der Fassade der Grundtvig-Kirche tatsächlich wie vor einer steinernen Riesenorgel aus lauter Ziegelpfeifen, und tritt man dann ins neugotische Innere hinein, dann steht man in einem der eigenartigsten Gotteshäuser der Christenheit. Ein lichterfüllter, aber fast brutal nackter Raum mit einer Anmutung von Kargheit und Größe, Bescheidenheit und Stolz. Ein passender Ort für Grundtvigs exzentrisches Christentum.

Kapitel 12

Struensees Frevel oder
Die Gebeine des Leibarztes

*»Kein Monument erinnert heute in Dänemark an
Struensee.«*
(Per Olov Enquist, *Der Besuch des Leibarztes*)

Es gibt ein Foto, das zwei ehrwürdige ältere Herren vor einer
kleinen Kiste mit Knochen zeigt. Der eine von ihnen ist Professor C. C. Hansen. Der Professor ist eine Kapazität auf dem
Gebiet der Anatomie und hat soeben die Knochen in der Kiste
anatomisch untersucht und identifiziert. 1927 hatte *Politiken*
veranlaßt, daß die Kiste mit den Skeletteilen ausgegraben und
examiniert wurde. Bis dahin hatte sie unter einem bewach-
senen Erdhügel auf dem Vestre Kirkegaard gelegen. Wenige
Meter davon entfernt fand und findet man einen unbe-
hauenen Granitstein, der aussieht, als hätte ihn zufällig jemand
dort liegenlassen, ein Epitaph, auf dem nichts weiter geschrieben steht ist als die schwach leserlichen Inschriften STR und
BRD. Verstümmelte Namen, ganz so, als wären auch noch die
sterblichen Überreste und ihr Andenken ein Skandalon. Die
verstümmelten Namen wiederholen das Schicksal der Körper
ihrer Träger. Für Professor Hansen gab es keinen Zweifel: Die
Knochen gehörten Johann Friedrich Struensee, dem königlichen Leibarzt, dem Hochverräter, Reformer und Liebhaber der
Königin, sowie Enevold Brandt, seinem Mitverschwörer. Nach
der öffentlichen Hinrichtung auf Øster Fælled im Jahre 1772
waren die zerstückelten Körper der Hochverräter zur Schau
gestellt worden und anschließend verschwunden. Ende des

Professor
C. C. Hansen (r.) vor
Struensees Knochen,
1927

19. Jahrhunderts, beim Bau eines Theaterpavillons für Folkets Hus, das Versammlungshaus der Sozialdemokratie am Enghavevej (heute ist daraus Kopenhagens führender Musikclub, das VEGA, geworden), stieß man beim Graben auf Knochen. An den Skeletten fiel auf, daß sie nicht komplett waren. Was fehlte, waren die Schädel. Die Inhaber der Knochen waren offenbar enthauptet worden. Auch nach dem Tod waren sie mit der ewigen Höchststrafe belegt worden: Ihre Gebeine durften nicht zur letzten Ruhe gebettet werden. Immerhin bestattete man nach dem Fund die Knochen in der Kiste und die Kiste unter dem Erdhügel auf dem Friedhof. Bis man sie wieder ausgrub und ihnen nach Professor Hansens Gutachten eine neue, vielleicht letzte Ruhestätte zuwies, die deutsche Sankt Petri Kirche im Herzen von Kopenhagen. So liegen sie gewissermaßen auf

exterritorialem Boden. Johann Friedrich Struensee war ein Deutscher, aber er kam aus Altona, das damals zum dänischen Königreich gehörte.

Nicht, daß sich vor Per Olov Enquist keiner für Struensee interessiert hätte. Es gibt einen weithin vergessenen Roman von Robert Neumann, außerdem ein Buch des Hamburger Medizinprofessors Stefan Winkle mit dem Titel *Johann Friedrich Struensee – Aufklärer und Staatsmann*, es existieren populäre Historienfilme über den unglücklichen Mann (*Herrscher ohne Krone*, 1957) und anderes mehr. Das verwundert nicht, denn das Leben und Sterben Struensees erfüllt alle Voraussetzungen für einen großen Roman- oder Filmstoff: Sex, Verrat, höfisches Leben, Medizin, Wahnsinn und hohe Politik. In Dänemark war Struensee (den man hier wie »Strunse« ausspricht), auch wenn man alles daransetzte, sein Gedächtnis zu tilgen, stets ein Begriff oder eher: ein Unbegriff. Nun aber hat Per Olov Enquist mit seinem semi-dokumentarischen Erfolgsroman *Der Besuch des Leibarztes* (1999) die Erinnerung an Struensee neu entfacht. Kein Däne hat den großen Roman über Struensee geschrieben, auch kein Deutscher, sondern ein Schwede, ein Autor, den an diesem Fall weniger die lokal- oder nationalhistorische Dimension beschäftigt, sondern das furchtbare Scheitern eines Mannes, der den Kräften des Wahns und des Absolutismus mit der frohen Botschaft Rousseaus und 632 Verordnungen entgegentreten wollte. Struensee war ein revolutionärer Arzt am Krankenbett des Ancien régime, ein missionarischer Reformer, der sich in den Fallen des Hofes verfing und an ihnen zugrunde ging. Struensee und sein halsbrecherischer Versuch, in Dänemark die Vernunft heimisch zu machen, sind eine Episode geblieben. Wie zur Strafe für seinen Wagemut dauerte der Absolutismus in Dänemark besonders lange und ging erst 1849 zu Ende.

Die Sankt Petri Kirche mit ihren deutschen Grabstätten lädt

ein, ein wenig über das Schicksal der dänisch-deutschen Nachbarschaft zu meditieren. Unter der Regierung König Frederiks V. (1746–1766) war Kopenhagen eine deutsch dominierte Stadt gewesen; wovon sich jeder überzeugen kann, der in den Grabkapellen die Namen der deutschen Kaufleute und Gründer aus jener Epoche studiert. Berling, der Gründer der großen Zeitung *Berlingske Tidende*, war aus Lauenburg gekommen und liegt hier begraben; ebenso der deutsche Pfarrer und Dichter Balthasar Münter, der den Atheisten Struensee vor der Hinrichtung zum Christentum bekehrt haben soll (hierzu seine *Bekehrungsgeschichte des vormaligen Grafen Struensee*), sowie Münters Tochter, die Dichterin und schöne Seele Friederike Brun. Es war die Epoche, in welcher der Hannoveraner Graf J. H. E. Bernstorff – »das Orakel von Dänemark« nannte ihn Friedrich der Große – als Berater am Hofe des Dänenkönigs wirkte und die Leitung der »Deutschen Kanzlei«, das heißt des Dänischen Außenministeriums innehatte. Auch den berühmten Klopstock konnte er zur Übersiedlung nach Kopenhagen bewegen: »Der König der Dänen hat dem Verfasser des Meßias, der ein Deutscher ist, diejenige Musse gegeben, die ihm zur Vollendung seines Gedichts nöthig war«, so Lessing aus Anlaß von Klopstocks Umzug im Jahre 1751. Der König erwartete von dem deutschen Dichterpensionär keine großen Gegenleistungen: Für die Fertigstellung des *Messias* und eine Ode an den König flossen aus seiner Schatulle jährlich 600 Reichstaler. Klopstock lernte nie Dänisch, so wenig wie es Struensee tat. Zeit seines fast zwanzigjährigen Aufenthalts sprach und schrieb er ausschließlich Deutsch. Aber da man auch am Hof vorwiegend Deutsch sprach, fiel das nicht weiter auf.

Ein populäres Geschichtsbuch von 1882, die *40 Erzählungen aus der vaterländischen Geschichte* von A. D. Jørgensen, führt den Niedergang des deutschen Kopenhagen auf deutsche Unarten zurück. Zugezogene Handwerker und Kaufleute,

Per Olov Enquist (*1934),
hier 2003

schreibt der Verfasser, hätten ab 1730 eine segensreiche Wirkung entfaltet; und weil es sich bei diesen Deutschen um besonders tätige und tüchtige Vertreter ihrer Art handelte, hätten sie bald auch aktiv an der öffentlichen Verwaltung, der Ökonomie, der Politik und Wissenschaft teilgenommen. Leider aber brachten die Deutschen, so meint der Autor, auch ihre weniger guten Eigenschaften mit: »Dazu gehörte vor allem ein ausgeprägtes Selbstbewußtsein, die Lust am Tadeln all dessen, was sie in ihrer neuen Heimat vorfanden, eine hochmütige Rücksichtslosigkeit gegenüber ihren selbstgewählten Landsleuten und der Unwille, sich ihre Sprache und heimischen Sitten anzueignen.« Das führt den Historiker zwangsläufig zu Struensee: »Als sich dann der deutsche Arzt Struensee dem geisteskranken Christian VII. als Ratgeber aufdrängte und bald

*Johann Friedrich Struensee
(1737–1772), Kupferstich
von Anton Wachsmann,
um 1810*

alle anderen aus der Regierung vertrieb, als er ganz ohne
Kenntnis der Landessprache in kürzester Zeit das Land zwin-
gen wollte, eine völlig neue Richtung einzuschlagen, da erreichte der Widerstand seine volle Stärke und rief einen schrof-
fen Umschlag hervor. Die Äußerungsfreiheit, die er selbst
verordnet hatte, wandte sich gegen ihn und die ganze ›tyskeri‹,
wie man es nun nannte.« Struensees Hinrichtung markiert
den Anfang vom Ende der »tyskeri«, der deutschen Hegemo-
nie.

Im Handstreich wollte Struensee das Land aus seiner selbst-
verschuldeten Unmündigkeit führen. Das Vorhaben muß
scheitern, weil die Zeit für ein solches Projekt nicht reif ist,
nicht in diesem kleinen, zurückgebliebenen Bauernland zwanzig Jahre vor der Französischen Revolution. Aber muß man
dem Reformer aus Altona nicht wenigstens Respekt zollen,
auch wenn sein Plan vermessen, seine Politik naiv und seine
Liebe tödlich war? Enquists Sympathie für seinen Helden ist

116

beträchtlich. Graf Rantzau, Herr auf Gut Ascheberg in Holstein und Bewunderer Rousseaus, hatte Struensee im Auftrag der dänischen Regierung das Angebot gemacht, Leibarzt des dänischen Königs zu werden. »Du als Arzt könntest auch Dänemark gesund machen«, hat er ihm gesagt, »Dänemark ist ein Tollhaus. Der König ist begabt, aber vielleicht ... wahnsinnig. Ein kluger aufgeklärter Mann an seiner Seite könnte in dem Scheißhaus Dänemark ausmisten.« Struensee hat das Angebot angenommen. Er geht mit dem König auf eine erste Auslandsreise, man trifft in Paris die gesamte Redaktion der Enzyklopädie, spricht mit Diderot, d'Alembert, Condillac und läßt sich Glück wünschen für den Fortschritt der Vernunft im kleinen, fernen Dänemark. Struensee gewinnt das Vertrauen des irren Königs und das der kindlichen Königin obendrein. Aber der Wahnsinn des Königs ist keinem Zureden zugänglich, und das Vertrauen der Königin Caroline Mathilde wandelt sich unaufhaltsam in Liebe. Die Königin und Struensee werden vor den Augen des staunenden Hofes ein Paar. Folgt man Enquist, dann hat der König selbst darum gebeten, als er die Worte sprach: »Die Königin ist einsam. Nehmen Sie sich ihrer an.« Im Januar 1770 zieht Struensee auf Schloß Christiansborg ein, im Juli 1771 wird die gemeinsame Tochter Louise Augusta, »la petite Struensee«, geboren. Die verbotene Liebe wird den Kräften der Reaktion den Grund liefern, den Leibarzt offen zu bekämpfen. Struensee ist verwundbar. Zu hastig, zu radikal ist seine Reformagenda, zu unberechenbar sind die Wahnsinnsschübe des Königs, zu schockierend die Proklamation des einfachen und wahren Lebens, der neue *country style* im Geist Rousseaus.

In einer rasanten Abwärtssspirale rast Struensee seinem gewaltsamen Ende entgegen, bei dem der Staatsminister und heimliche Machthaber Høegh-Guldberg Regie führt. Er fingiert einen angeblich von Struensee geplanten Staatsstreich und Mordanschlag auf den König, um unverzüglich einen Gegenangriff zur Rettung der Nation ins Werk zu setzen. In der Nacht, gleich im Anschluß an einen Maskenball, greift das Militär ein, Struensee wird gefangengesetzt und wegen »crimen laesae majestatis« zum Tode verurteilt: »Daß Graf Johann Friedrich Struensee, sich selbst zur wohlverdienten Strafe und anderen Gleichgesinnten zum Exempel und zur Warnung, Ehre, Leben und Besitz verwirkt haben soll, und soll degradiert werden von seiner gräflichen und anderen ihm vergönnten Würde; weiter, daß sein gräfliches Wappen vom Scharfrichter soll zerbrochen werden; so soll auch Johann Friedrich Struensees rechte Hand ihm lebend abgeschlagen werden und danach sein Kopf; sein Körper zerteilt und aufs Rad gelegt, aber Kopf und Hand auf einer Stange zur Schau gestellt werden.« So grausam, wie in einem Exorzismus, endet im April 1772 die Struenseezeit, und damit die Erinnerung an sie erlischt, werden eilig die Überreste verscharrt. Kein Monument erinnert heute in Dänemark an Struensee, schreibt Enquist. Sein Roman hat den Knochen in der Kiste ein Monument aus Wörtern errichtet.

Kapitel 13

»Semmelblonde Schlaffgesichter«. Fontanes Beobachtungen

»*Das Schönheitsbedürfnis findet (…) kaum seine
Rechnung hier, aber das romantische Bedürfnis
vollauf.*«
(Theodor Fontane, 1865)

Man schreibt das Jahr 1865, gerade erst ist der Deutsch-Dänische Krieg, an dem Theodor Fontane als Berichterstatter teilnahm, mit der dänischen Niederlage an den Düppeler Schanzen zu Ende gegangen, und für Fontane wird ein Jugendtraum
wahr: Endlich sieht er Kopenhagen, das er mit Stockholm und
Edinburgh zu den drei nordischen »Zauberstädten« zählt. Von
Lübeck kommend ist er zu Schiff in den Hafen eingefahren
und hat Quartier im Hotel d'Angleterre bezogen. Erster Eindruck von Kopenhagen: alles recht hübsch, aber »kein einziges
Bauwerk von Bedeutung«. Andere Städte, er nennt Petersburg,
Berlin, Hamburg, Paris, hätten mehr zu bieten, was einzelne
Bauten oder »die bauliche Anlage der einzelnen Stadtteile«
betrifft. Dafür ist Kopenhagen pittoresk, »poetisch interessant,
so recht eine Stadt zum Lieben, von der ich es sehr wohl
begreife, daß das Herz seiner Bewohner aufs innigste daran
hängt, freilich auch nur in einer bis zum Übermaß und bis zur
Verkennung des realen Wertes gesteigerten Begeisterung«.
Anderthalb Jahrhunderte nach Fontanes Besuch erweisen
sich seine Beobachtungen als erstaunlich zeitbeständig. Das
muß an Fontanes scharfem Blick liegen, aber auch daran, daß
Kopenhagen, verschont von Kriegs- und Stadtplanungsfolgen,

sich selbst ähnlich geblieben ist. Gilt das nur für seine Bauten oder auch für seine Bewohner? Mit beiden wird Fontane nur bedingt froh: pittoresk, aber nicht bedeutend die Gebäude, übermäßig in die Stadt verliebt ihre Einwohner. Was zunächst die Architektur angeht: Man findet tatsächlich in Kopenhagen kaum Bauwerke von außerordentlichem Rang und wird sie hier auch gar nicht suchen. Statt dessen überzeugt die Stadt durch die biedermeierliche Geschlossenheit des Stadtbildes, durch ihren Sinn für Proportionen, ihre Grün- und Wasserflächen und ihre gelassen-zivile Lebensart, durch Qualitäten, die Fontane kaum ins Auge gestochen wären. Bis heute weigert sich Kopenhagen erfolgreich, eine moderne und vor allem eine Auto-Stadt zu werden. Wo sonst spielt sich der morgendliche Berufsverkehr weitgehend auf dem Fahrrad ab? Wenn das keine Gründe sind, diese Stadt zu lieben. Aber es sind ganz praktische Gründe, während Fontane an Kopenhagen das Poetische und Pittoreske ins Auge stach. »Rokokobizarrereien« fielen ihm auf, »redende Häuser«, die Stoff für Anekdoten liefern wie der Runde Turm mit seinem gewendelten Innengang. Oder die Vor Frelser Kirke mit ihrer verrückten Wendeltreppe an der Außenseite des Turmes und der Orgel, die von zwei Elefanten getragen wird. Oder die Börse, noch ein gedrechselter Turm, diesmal aus vier Drachenschwänzen, während der Vorderleib auf dem Sockel ruht. Was das Pittoreske angeht, hat auch Kopenhagen an Reiz verloren; gibt es überhaupt eine Stadt, die mit der Zeit malerischer würde? Was es sich hingegen bewahrt hat, ist die Liebe ihrer Einwohner, an der Fontane nur das »Übermaß« störte.

An Kopenhagen hängt das Herz seiner Einwohner noch immer aufs innigste. Den Kopenhagener können wir als Menschen definieren, der sich mit seiner Stadt im Zustand der Übereinstimmung befindet. Kopenhagener sein ist ein behaglicher Zustand. Man soll einem Kopenhagener nicht glauben, wenn

Kopenhagen im 19. Jahrhundert, Fotografie von Vilhelm Tillge, um 1865

er seine Stadt zu klein nennt, zu provinziell oder zu regnerisch; damit will er uns Fremden nur einen Gefallen tun. Solch immerwährende Zuneigung zur Heimatstadt verschafft sich in vielen volkstümlichen Liedern Ausdruck. Kopenhagener sind zufrieden, bisweilen auch selbstzufrieden (»selvglad«, selbstfroh heißt das dänische Wort dafür), jedenfalls durchdrungen von der nicht ganz unberechtigten Überzeugung, in der besten aller möglichen Welten zu leben. Wo sollte ein Kopenhagener sonst auch wohnen? Bestimmt nicht anderswo in Dänemark. Vielleicht in New York? In Berlin? In London? Aber wer kennt ihn da?

Schon vor seiner Ankunft hatte Fontane »von dem schwindelnden Selbstgefühl der Kopenhagener« gehört, »von dem blasphemischen Dogma des alten Professors Grundvig [sic!], ›daß Gott am Jüngsten Tage in *dänischer* Sprache zu Gericht rufen würde‹ etc.« Die militärische Niederlage hat, so scheint es ihm, die Dänen größenwahnsinnig werden lassen. Ihr Selbstbewußtsein hat infolge der Katastrophe nicht etwa gelitten, im Gegenteil, es kennt nun überhaupt keine Grenzen mehr. Skeptisch sucht der deutsche Beobachter nach Spuren der dänischerseits behaupteten »Superiorität« und vermag sie nicht zu erkennen: »Ich konnte, was das Publikum angeht, kaum einen Unterschied vom unsrigen wahrnehmen«, schreibt Fontane, und das ist bei ihm nicht als Lob gemeint.

Drei »Typen« ist Fontane begegnet: »den taillelos schlank Aufgeschossenen, den kurzbeinig Untersetzten und drittens den semmelblonden Schlaffgesichtern«. Wenn ihm einmal der Vertreter einer höheren »Race« vor die Augen trat, dann war es bestimmt ein Brite. Eine leichte Enttäuschung oder Erleichterung stellt sich beim Beobachter ein: So toll, wie die Dänen sich finden oder wie andere, namentlich die Engländer, sie machen, sind sie nun auch wieder nicht. Nein, sagt Fontane, »die Dänen müssen sich damit begnügen, mit den übrigen germanischen Stämmen an gleichem Strang zu ziehen«. Nordgermane sein, das erscheint noch immer keinem Dänen erstrebenswert. Dann ist man doch lieber ein »Lateiner des Nordens« (wie es Teamcoach Morten Olsen für den dänischen Fußball postulierte), eine lebenslustige, nur mäßig der Disziplin ergebene und in allen Lebenslagen entspannte Ethnie, die mit den Deutschen, denen sie nur bei oberflächlicher Betrachtung ähnlich sieht, nicht zu viele Eigenschaften teilen möchte. Und die Frauen? Auch hier hat sich Fontane alles ganz anders vorgestellt: »Ich hatte imposante Nordlandsgestalten, Fingalstöchter, Ossianische Schönheiten erwartet«, aber die zeigen sich im wirklichen Leben selten. Keine einzige Schönheit sei ihm während seines Aufenthalts begegnet, beklagt der Reisende, und wenn ihm dann doch einmal ein leidlich anmutiges Geschöpf unter die Augen kam, dann fehlte ihm »alles Frappante«. Dieselben unfrappanten Damen fallen ihm dann aber als besonders hartnäckige Anwältinnen des Dänentums auf: Sie wollen ihren Charme durchaus nicht für deutsche Männer spielen lassen. Und das ist schlimm: »Diese unbedeutenden Figürchen schüren das nationale Feuer, beteiligen sich an der Achterklärung, die täglich gegen alles Deutsche geschleudert wird, verleugnen ihre Kenntnis der deutschen Sprache und weigern sich, den Besuch, die Respektsbezeigung deutscher Offiziere entgegenzunehmen.« Damen, die sich so etwas leisten, müssen schon, findet Fontane, »entweder sehr schön oder voll brennender Leidenschaft sein«. Und das sei die dänische »Durchschnittsblondine mit Stülpnase und schnippischem Mundwinkel« in der Regel einfach nicht. Je länger er hier die Menschen betrachtet, desto mürrischer wird er. Vorfreudig ist er in seine Traumstadt eingezogen, aber jetzt hat er viel zu mäkeln.

Auf Schritt und Tritt begegnet Fontane in Kopenhagen dem Kult des Dänentums. Die berühmte dänische Malerschule: »eine Art *politisches* Produkt der letzten zwanzig Jahre«, mit seinen ewigen Motiven aus Seeland und Südjütland »ein Riegel gegen die Welt da draußen, namentlich gegen die *deutsche* Welt«. Nicht anders seine Eindrücke im Tivoli. Im Teepavillon werden Volkslieder gesungen, und zwar von zwei jungen schwedischen Sängerinnen, die in Rot und Weiß, den Farben des Dannebrog, gekleidet sind. Es seien schwedische Lieder, so wird ihm bedeutet, die da gesungen würden; deutsche gingen seit dem Kriege nicht mehr. »Mit dieser Abwehr gegen das Deutsche«, so bilanziert Fontane, »geht eine Art götzenhafter Kultus Hand in Hand, der mit ›Gamle Danmark‹ getrieben wird. Nationale Selbstverherrlichung überall, also natürlich auch in Tivoli und Alhambra.« Die »krankhafte Pflege des Nationalen« sei letztlich das Typische und Unverwechselbare an den Kopenhagener Vergnügungsparks; auch und gerade das Amüsement stehe im Dienst der nationalen Erbauung. »Krankhaft«, »götzenhaft«, je länger Fontane durch die Stadt spaziert, desto ungnädiger wird er mit den Dänen. Als nähme er ihnen übel, daß ihre Niederlage sie nicht demütiger hat werden lassen.

Für die politische Folklore der Dänen hatte Fontane gleichwohl einen unbestechlichen Blick. Vieles von dieser Folklore ist verschwunden, aber der kleine und meistens harmlose Götzendienst am Dänentum hat bis heute nicht ganz aufgehört. Uns Ausländern wird ewig der Umgang mit dem »Dannebrog«, der dänischen Flagge, erstaunen. Jedwedes private oder öffentliche Hochgefühl bietet Anlaß zum Hissen oder Schwenken des staatlichen Hoheitszeichens; kein Kindergeburtstag (und vor allem keine Geburtstagstorte), kein Schrebergartenfest und kaum ein sonstiger Anlaß für Gemütlichkeit (oder »hygge«, wie sie auf Dänisch heißt) kommt ohne den Dannebrog aus. Das Nationale und das Familiäre verschmelzen in solchen Festlichkeiten zu einem allumfassenden Wir-Gefühl. Freilich sind zu diesem Wir-Gefühl nicht alle zugelassen. Gesang und Frohsinn entfalten ihre Wirkung in beiderlei Richtung: Sie schließen ein, und sie schließen aus. Aus Fontanes Schilderungen spricht der Mißmut des Ausgeschlossenen. Könnte man nicht einfach Däne werden, temporär oder auf Dauer, und derart die Aufnahme in die Gemeinschaft erwirken? Aber ach, aus einem Deutschen, so hörte ich einmal (einen Deutschen) sagen, »wird nie ein guter Däne«. Das könnte stimmen. Tröstlich ist dabei nur, daß auch aus einem Nicht-Dänen ein richtiger, also zufriedener Kopenhagener werden kann.

Kapitel 14

Hamlet, Gründgens.
Geister von Kronborg

»*This is I / Hamlet the Dane*«
(Shakespeare, *Hamlet*, V/1)

Später sollte Gustaf Gründgens das Gastspiel zu seinen schönsten künsterischen Erlebnissen zählen; und das, obwohl er die *Hamlet*-Vorstellung auf Schloß Kronborg nur humpelnd bewältigt hatte. Eine schon aus Berlin mitgebrachte Verletzung machte ihm das Gehen schwer. Die dänische Presse nahm das zum Anlaß für bissige Kommentare: »Gründgens soll ein hervorragender Darsteller des Mephisto sein. Das erscheint uns jedoch keineswegs eine ausreichende Begründung dafür, daß er auch als Hamlet über die Bühne hinkt«, war zu lesen. Soviel Frechheit hätte 1938 schon gefährlich werden können, schließlich war Gründgens Preußischer Staatsrat und Generalintendant der Staatlichen Schauspiele in Berlin und außerdem ein Günstling von Hermann Göring, der beim *Hamlet*-Gastspiel in der ersten Reihe saß. Ein zweites Handicap stellte der Regen dar. Friedrich Schönfelder, der ebenfalls mitspielte, erzählt in seinen Erinnerungen, wie mitten im Monolog des ersten Schauspielers das Publikum wie ein Mann die Regenschirme aufspannt, »und dieses Knack-Knack-Knack wird zu einem gewaltigen Konzert, in dem der wunderbare Monolog Paul Bildts erbarmungslos dem Untergang preisgegeben ist.« Man sollte eben in diesen nördlichen Breiten kein Freilichttheater spielen, meint Schönfelder.
Warum tut man es dann trotzdem, auch wenn man weiß, daß

in einer zwei- oder dreiwöchigen Spielzeit im August schätzungsweise die Hälfte der Spieltage vom Regen heimgesucht wird? Warum nimmt ein Publikum die Fahrt hinauf nach Helsingør auf sich, wenn schon zu Hause die Regenwolken aufziehen und die Vorstellung vielleicht nach wenigen Minuten abgebrochen wird, ohne daß einem das Eintrittsgeld erstattet würde? So gemütlich ist es im Hof von Kronborg Slot bei Regen und 12 Grad plus nicht, selbst wenn das Publikum Wolldecken, Regenhäute und Proviant bei sich führt. Aber was bedeuten solche Unbilden gegen das Privileg des Ortes? In Kronborg kommt Hamlet nach Hause. Dies ist sein Schloß. Wenn dann an anderen Tagen über Schloß Kronborg die Sommersonne scheint, dann entfaltet der Schauplatz einen unwiderstehlichen Zauber. Shakespeares Worte steigen auf in den blauen Abendhimmel, und wenn die Sterne zu funkeln beginnen, treffen wir uns auf ein Pausenbier im äußeren Schloßhof. Kronborg, das Zauberschloß am Nordosteck der Insel Seeland, dort wo der Sund sich verengt und gegenüber das schwedische Helsingborg kaum eine Flußbreite entfernt liegt, ist ein besonderer Platz – nicht nur zum Theaterspielen.

Lange Zeit diente Schloß Kronborg anderen, kriegerischeren und fiskalischen Zwecken. Es bedurfte eines Shakespeare-Jubiläums, um die Hamlet-Begeisterung an diesem Ort zu entfachen. 1816, zum 200. Todestag des Dichters, gab eine Amateurtruppe einen *Hamlet* in der Garnison Kronborg, dann herrschte wieder hundert Jahre Ruhe, ehe zum nächsten runden Todestag das Königliche Theater einen *Hamlet* in dänischer Sprache veranstaltete, zu dem kein anderer als Georg Brandes die Einleitungsworte sprach. Dann geschah wieder eine Weile nichts, bis Kronborg in den Jahren 1937 bis 1939 drei Sternstunden erlebte. 1937 ist die Old Vic Company zu Gast, mit Laurence Olivier und Vivien Leigh – und es regnet ohne Unterlaß, so daß die Premiere kurzerhand ins nahe Hotel

126

Schloß Kronborg in Helsingør

Marienlyst verlegt wird, wo man dann in einem besseren Wirtshaussaal spielt, bis anderntags das Wetter aufklart und die Vorstellung in den Kronborger Schloßhof übersiedeln kann. 1938, bei Gründgens' (und Marianne Hoppes) Gastspiel, scheint Göring, den ein Foto in weißer Uniform und weißen Gamaschen in der ersten Reihe präsidierend zeigt, einen trockenen Moment erwischt zu haben. 1939 zeigen sich Wetter und Kunst von ihrer besten Seite. Wieder ist das Old Vic zu Gast, diesmal mit John Gielgud als Hamlet. Dann der Krieg, und nach dem Krieg wieder viel Regen. Immerhin, Michael Redgrave ist 1950 der Hamlet, und 1954 spielen Richard Burton und Claire Bloom die Hauptrollen, ehe dann wieder für 25 Jahre der Vorhang fällt. Man kann, so die Einsicht des Veranstalters, der »Nationale Friluftscene«, in Kronborg keinen

Freiluft-*Hamlet* spielen, weil es – »knack, knack, knack« – doch auf jede zweite Vorstellung hinabregnet. Was tun? Den Schloßhof überdachen? Das läßt der Denkmalschutz nicht zu. Auf eine Klimaveränderung warten? 1979 fingen ein paar Optimisten wieder mit dem *Hamlet*-Spielen an. Mal auf Dänisch, mal auf Englisch. Heute gibt es einen einigermaßen witterungsresistenten Organisator namens »Hamlet Sommer« in Helsingør, der sich auch von ein paar Regentagen nicht irremachen läßt und teils im Schloßhof, teils im Rittersaal *Hamlet*-Inszenierungen und -Adaptationen bietet, die mit einiger Sicherheit genug Zuschauer aus dem nahen Kopenhagen und dem noch näheren Schweden nach Kronborg locken.

»Something is rotten in the State of Denmark« (*Hamlet*, I/5). Hätte Shakespeare Tantiemen bezogen, er wäre allein mit diesem Satz reich geworden. Wie aber ist Hamlet nach Kronborg und wie ist Shakespeare an seinen Stoff gekommen, ohne dafür jemals dänischen Boden zu betreten? Dies zu beantworten, muß man sich in das Grundbuch der Dänen vertiefen, in die *Gesta Danorum* des Mönches Saxo Grammaticus, das um das Jahr 1200 geschrieben wurde. Darin wird das Leben eines Mannes erzählt, der Amleth oder Amled hieß. Sein Vater war Ørvendil und seine Mutter Geruth. Die Geschichte spielt unter Wikingern. Rørik, Geruths Vater, hatte Ørvendil und seinem Bruder Fengi den Auftrag zur Verteidigung Jütlands erteilt. Den Auftrag hatte Ørvendil zur Zufriedenheit seines Herrn ausgeführt und dabei den norwegischen Rivalen Koller im Kampf getötet, worauf ihm die Königstochter zugesprochen wurde. Fengi, der Bruder, Amleths Onkel, neidete Ørvendil den Ruhm, tötete ihn heimtückisch und nahm Geruth zur Frau. Für seine Tat gab er falsche Motive an, die allseits akzeptiert wurden, denn, so Saxo, »die Lügen mächtiger Männer, in deren Gemächern Schmeichler gehätschelt werden, glaubt man gern«. Allein Amleth sah, was geschehen war, und beschloß, sich wie ein Wahnsinniger aufzuführen, um seine Einsicht und sein Leben zu schützen. Jeden Tag saß er am Grab der Mutter und bestrich sein Gesicht mit Asche, und wenn er sprach, dann wie ein Irrer. Manchmal saß er am Feuer und härtete darüber hölzerne Pfeile. Man fragte ihn, wozu, und er gab an, er wolle mit den Pfeilen seinen Vater rächen. Keiner nimmt ihn ernst. Dann schöpft man doch Verdacht und unterzieht Amleth einer Reihe von Prüfungen, welche die Echtheit seines Irrsinns aufklären sollen …

In ihren Grundzügen hat Shakespeare diese Geschichte bewahrt, auch wenn er die Namen und manches andere verändert hat. 1514 war Saxos dänische Chronik in Paris erstmals gedruckt worden. Der Franzose François de Belleforest gibt die Hamlet-Geschichte im fünften Band seiner *Histoires Tragiques* von 1570 wieder. 1589 findet man dann auf Londons Bühnen einen Ur-*Hamlet*, den man einem Thomas Kyd zuschreibt. Wenig später muß Shakespeares Theatertruppe das Stück erworben und zur Aufführung gebracht haben. Von da ist es nicht mehr weit zu seiner *Tragicall Historie of Hamlet, Prince of Denmarke*. Shakespeares *Hamlet* ist somit die Überarbeitung einer dramatischen Version der Nacherzählung einer literarischen Bearbeitung einer nordischen Legende. Rørik und einige der anderen Recken gibt es darin nicht mehr, aus Fengi ist Claudius geworden und aus Geruth Gertrude. Die namenlosen Figuren haben Namen bekommen: Polonius, Horatio, Rosencrantz und Güldenstern (zwei dänische Adelsnamen). Und nun es gibt einen eindeutigen Schauplatz. Shakespeares Hamlet spielt nicht im archaischen Dänemark Saxos, sondern in einem christlichen Königreich in der Renaissance mit einem regelrechten Hof, mit Höflingen, Intrigen und Politik. Saxo ließ die Geschichte in Jütland spielen, Belleforest in einem vage gehaltenen Dänemark, Shakespeare aber verlegt sie nach Helsingør oder Elsinore – vielleicht weil dies in der elisabethanischen Zeit der einzige den Engländern bekannte Ortsname in Dänemark war.

Hier stand seit 1585 Kronborg, der mächtige Festungsbau Frederiks II., das imposanteste Renaissanceschloß des Nordens, nicht gerade mit dem »summit of a cliff«, wie Horatio (I/4) meint, in Sichtweite, aber sonst einschüchternd genug: die schwer befestigte Zollstelle und damit Haupteinnahmequelle der dänischen Krone. Nicht daß Shakespeare das Schloß und die Stadt wahrheitsgetreu abgebildet hätte. Doch er hat sich durchaus um dänisches Kolorit bemüht; nicht so sehr in der Namensgebung seiner Figuren (sie schwankt zwischen Griechisch, Latein, Italienisch), aber in der einen oder anderen Bezugnahme auf die örtlichen Gebräuche. Zum Beispiel auf die Trinkfreude des damaligen Königs und seiner Landsleute: »But what is your affair in Elsinore? / We'll teach you to drink deep ere you depart«, sagt Hamlet bei seiner ersten Begegnung mit Horatio. Auch von der speziellen Trinksitte des Königs, zu jedem der häufigen »Skols« eine Kanonensalve abzufeuern, hatte Shakespeare offenbar gehört: »No jocund health that Denmark drinks-to-day / But the great cannon to the clouds shall tell / And the King's rouse the heaven shall bruit again, / Re-speaking earthly thunder.« (I/2) Erstaunlich, daß Shakespeares Bild von Dänemark bei den Dänen auf keine größere Gegenwehr stieß. Lange nahm man den *Hamlet* gar nicht zur Kenntnis. Erst 1777 erscheint eine dänische Übersetzung. Als dann um 1800 die Wiederentdeckung Shakespeares beginnt, kommen englische Touristen in Scharen. Sie meinen, im Schloßgarten den Tatort für den Mord an Hamlets Vater gefunden zu haben, und taufen einen Grabhügel kurzerhand in »Hamlets Grab« um. Später übersiedelt das angebliche Hamlet-Grab dann in den Schloßpark des nahe gelegenen Marienlyst, wo schließlich auch ein »Stadt- und Hamletmuseum« errichtet wird, ohne daß dadurch die Grabstätte authentischer geworden wäre. Und wenn schon: Wo in der Welt wäre man Hamlets und seines Vaters Geist näher als in Kronborg?

Haben wir uns den Ur-Hamlet wie Kenneth Branagh vorzustellen, wie Richard Burton, wie Laurence Olivier, wie John Gielgud oder wie Gustaf Gründgens? Leute, die dabei waren, behaupteten noch lange, Gründgens' Hamlet sei die aufregendste Verkörperung des Dänenprinzen gewesen, die man in Kronborg je zu sehen bekam. Vielleicht, weil Gründgens der modernste von allen Hamlets war, ein Intellektueller, Spötter und Menschenfeind. Was wohl Göring davon hielt, wie der Preußische Staatsrat die Rolle anlegte? Darüber ist nichts überliefert, wohl aber von den Begleitumständen seines Besuchs. Am 25. Juli 1938 erscheint im *Helsingør Dagblad* ein bemerkenswert ironischer Artikel mit dem Titel »Göring auf Kronborg«, darunter: »Festlicher Abend im Schloßhof. – Gerüchte, daß Hitler auf dem Weg nach Kronborg sei, erwiesen sich als falsch.« Am Vormittag hatte es noch geheißen, der »Führer« selbst, derzeit mit der Jacht »Grille« in der Ostsee unterwegs, habe kurz entschlossen Kurs auf Kronborg genommen. Dann war es aber doch nur eine Ente, während sich eine zweite Meldung als zutreffend erwies. Beim Touristenbüro ging eine eilige Ticketbestellung von seiten der deutschen Gesandtschaft ein; zwölf Eintrittskarten wurden gewünscht, der Generalfeldmarschall Hermann Göring werde unter den Gästen sein. So war es dann auch. Am Morgen ankerte ein kleineres deutsches Kriegsschiff an der Reede von Helsingør und fuhr bald darauf wieder ab, und weiter geschah nichts, bis dem in die Gartenarbeit vertieften Bürgermeister zwei graue, schwere Mercedes-Limousinen mit deutschem Kennzeichen auffielen, die in rasender Fahrt nach Norden unterwegs waren – wieder ohne Göring. Zu Wasser, zu Lande, in der Luft – auf irgendeinem Wege mußte der einschüchternde Besuch doch anreisen. Schließlich fuhren drei Schiffe, darunter Görings Privat-jacht »Carin II«, mit großer Eile von Süden her in den Hafen ein. Die örtlichen Honoratioren hatten rasch noch ein Empfangskomitee formiert und die Festspielleitung einen roten Läufer ausgerollt. Ein paar eilends bestellte Schreiner hatten dem Ehrengast eine eigene Sitzbank gebastelt, »damit der Marschall so gemütlich und hübsch zu sitzen kam wie nur möglich«. Ein hinkender Gründgens, ein breitgesäßig auf dem Ehrenplatz thronender Göring: Dem Gedanken an den Juli 1938 auf Schloß Kronborg haftet noch immer etwas Unheim-liches an.

Kapitel 15

Eine Kopenhagener Deutung.
Niels Bohr in Ny Carlsberg

»Und so gehe ich jetzt also durch das herbstliche Zwielicht
zu Bohrs Haus in Ny Carlsberg.«
(Heisenberg in Michael Frayns *Copenhagen*)

Am äußeren Ende von Vesterbro, beim Hügel von Valby, liegt
ein geschäftiges und doch merkwürdig verträumtes Reich. In
seiner Ausdehnung, seiner Wirtschaftskraft und seiner bauli-
chen Eigenart kommt es einer Stadt in der Stadt gleich. Carlsberg, beziehungsweise Ny Carlsberg, ist sein Name, und es
beherbergt einen der großen Bierproduzenten der Welt. »Pro-
bably the best beer in the world«, heißt sein Slogan. Dem muß
man nicht unbedingt zustimmen. Es gibt aufregendere Biere in
der Welt als dieses. Doch Carlsbergs Ruhm ist nicht allein auf
Bier gegründet. Um das zu verstehen, muß man einen Blick
auf die Historie der Gründerfamilie Jacobsen werfen. Nachdem sich der alte Jacobsen mit seinem in strengem Geist zum
Nachfolger erzogenen Sohn überworfen hatte, drängte er ihn
aus der Firma, worauf der Sohn neben dem alten Carlsberg-
Gelände die Ny Carlsberg-Brauerei errichtete. Carlsbergs Geschichte, das ist eine Brauer-Saga aus der Gründerzeit, ein
Epos, in dem es meistens gärt und in dem bei der Gärung
mehr als nur Bier entsteht. Was entstand, ist neben einer
Großbrauerei, die sich längst die heimische Konkurrenzmarke
Tuborg einverleibt hat, eine der großen Stiftungen zur Förde-
rung der Wissenschaften und der Künste. Eigentlich sind es
zwei, der Carlsberg- und der Ny-Carlsberg-Fonds: Die Riva-

lität zwischen Vater und Sohn dauert auch in ihren mäzenatischen Taten fort.

Wenn also der Bierumsatz sinkt, dann ist dies für Wissenschaft und Kultur in Dänemark bedenklich. »Laboremus pro patria« steht auf dem zentralen Fries über dem Eingangsportal von Ny Carlsberg, das (wie die Orgel in der Vor Frelser Kirche) von zwei riesenhaften Elefanten getragen wird und über dem sich ein Glockenturm mit einer Swastika auf der Spitze erhebt, die bis 1940 als Firmenlogo Verwendung fand. »Laboremus pro patria« war die Devise, an die sich Vater und Sohn Jacobsen zeitlebens hielten, ohne dabei den eigenen Vorteil hintanzustellen. Der alte, knauserige Brauer J. C. Jacobsen rief zum Wohle der Wissenschaften 1876 die Carlsberg-Stiftung ins Leben und vermachte dann seine Brauerei dieser Einrichtung. Deren Direktorium wird bis heute von der Akademie der Wissenschaften aus der Mitte der Mitglieder gewählt. Carlsberg dürfte somit die einzige Brauerei der Welt sein, die sich im Besitz von Wissenschaftlern befindet.

Vor dem Tod des Alten kam es zur Versöhnung mit dem Sohn, doch der Sohn wollte nicht nur eine eigene Brauerei haben, sondern auch eine eigene Stiftung. So gründete er 1902 mit eigenem Geld die Ny-Carlsberg-Stiftung, die sich die Pflege der Kunst zur Aufgabe gemacht hat, während die alte Carlsberg-Stiftung die Wissenschaften fördert. Der jüngere Jacobsen, ein großer Freund und Förderer der Künste, ließ unter anderem die Ny-Carlsberg-Glyptothek errichten, eine Antikensammlung nach dem Vorbild der Münchener Glyptothek (neben dem Bier war dies das zweite, das den Jacobsens in München Eindruck gemacht hatte), worin er auch seine Sammlung französischer Impressionisten unterbrachte. In der Glyptothek setzte Jacobsen seinen griechisch-römischen Neigungen ein Denkmal. Schon sein Vater hatte 1852–1854 auf dem Brauereigelände eine Villa im Palladio-Stil errichten las-

Carl Jacobsen (1842–1914), hier 1901

sen, mit Säulenhallen, Palmengärten, Gewächshäusern, Glas-
kuppeln und viel Marmor. Hier lebte später auch sein Sohn,
der die Villa dann testamentarisch zur Ehrenwohnung für den
größten Wissenschaftler des Landes bestimmte. So kam es, daß

von 1931 bis zu seinem Tod im Jahre 1962 Niels Bohr hier wohnte, der große Atomphysiker und Nobelpreisträger.

In Niels Bohrs Ehrenwohnung hat im September 1941 ein Gespräch stattgefunden, das die Welt bis heute beschäftigt – auch deshalb, weil bis heute niemand wirklich weiß, worüber Niels Bohr und Werner Heisenberg damals gesprochen haben. Es ist nicht einmal ganz sicher, ob das Gespräch tatsächlich in jenem Haus stattfand oder nicht vielmehr während eines abhörsicheren Spaziergangs im Fælledpark. Dänemark war seit 1940 besetzt, und die Bohrsche Wohnung wurde abgehört, was beiden Gesprächspartnern bekannt war. Die Erinnerung der beiden Gelehrten in bezug auf Ort und Gegenstand ihres Gesprächs geht erstaunlich weit auseinander, ein Grund mehr, weshalb sich um das Kopenhagener Gespräch der beiden ständig neue Spekulationen rankten. Als sich im Februar 2002 das Niels-Bohr-Archiv entschloß, die elf Dokumente aus Bohrs Feder, die sich auf dieses Gespräch bezogen, im Internet zu veröffentlichen, hielt die Fachwelt – und mehr noch die Wissenschaftspresse und am Ende auch die große Öffentlichkeit – für einen Augenblick den Atem an. Nur im Niels-Bohr-Archiv am Blegdamsvej herrschte an jenem Tag die Ruhe im Innern des Orkans. Für eine Zeitung sollte ich am Morgen vor der für 12 Uhr vorgesehenen Publikation aus dem Archiv berichten. Dort traf ich den freundlichen Leiter, der mir, die Kaffeekanne in der Hand, bedeutete, es gebe hier derzeit nichts zu sehen und zu erzählen; ich möge wie alle anderen doch einfach um 12 Uhr auf die Webseiten des Archivs schauen. Was ich dann auch tat, ehe die Adresse wenig später unter der Flut der Zugriffe kollabierte. Die Aufregung war umsonst, denn auch die heißerwarteten Briefe lüften das Geheimnis um den Septemberabend in Ny Carlsberg nicht.

An der neuen Aufregung um Niels Bohr und Werner Heisenberg und dessen sagenhaften Besuch in Kopenhagen ist vor allem Michael Frayn schuld, der britische Dramatiker und Romancier, der mit seinem Drei-Personen-Drama *Copenhagen* den Spekulationen neue Nahrung gegeben hat. Selten genug kommt es vor, daß ein Werk der Fiktion in Wissenschaftskreisen für Unruhe sorgt; hier war dies einmal geschehen. Um dem Gemunkel ein Ende zu bereiten, hat das Bohr-Archiv die genannten Dokumente vor Ablauf der regulären Sperrfrist 2012 freigegeben. Es handelt sich um Briefe oder Briefentwürfe Bohrs an Heisenberg aus den Jahren 1957 bis 1962 sowie um einige wenige Antworten Heisenbergs. »Lieber Heisenberg«, beginnt der erste der im Original dänisch geschriebenen Bohr-Briefe, »ich habe ein Buch gesehen, *Heller als tausend Sonnen* von Robert Jungk, das soeben auf Dänisch veröffentlicht wurde, und ich denke, ich muß Dir sagen, daß ich tief erstaunt darüber bin, wie sehr Dich Dein Gedächtnis in dem Brief an den Autor täuscht, der in Auszügen in der dänischen Ausgabe abgedruckt ist. Was mich betrifft, so erinnere ich mich an jedes Wort unseres Gesprächs, das vor dem Hintergrund äußerster Sorge und Spannung für uns hier in Dänemark stattfand. Besonders machte es damals Eindruck auf Margrethe und mich und auf jeden im Institut, daß Du und Weizsäcker Eure entschiedene Überzeugung ausdrücktet, daß Deutschland den Krieg gewinnen werde und es deshalb ganz töricht von uns sein würde, ein anderes Ergebnis des Krieges zu erwarten und deshalb die deutschen Angebote zur Zusammenarbeit zurückzuweisen. Ich erinnere mich auch ganz klar an die Unterhaltung in meinem Büro im Institut, wo Du mir in vagen Begriffen den deutlichen Eindruck vermitteltest, daß unter Deiner Führung in Deutschland alles getan würde, um Atomwaffen zu entwickeln ...«

Soweit Bohrs Erinnerung an Heisenbergs Besuch und Mission, aber es gibt andere, eher noch zweifelhaftere Deutungen. Längst gehört die moralische »Unschärfe«, in der Heisenberg, der Entdecker der Unschärferelation, seine eigene Rolle im Nationalsozialismus beließ, zu den Topoi der Heisenberg-Biographik. Carl Friedrich von Weizsäcker, der letzte noch lebende Zeuge, hat nach der Veröffentlichung des Bohr-Briefes wissen lassen, Bohr sei »in seiner Erinnerung einem tiefen Irrtum erlegen«. Zum Zeitpunkt des Kopenhagener Gesprächs hätten er und Heisenberg die Arbeit an der deutschen Atombombe bereits ohne Ergebnis eingestellt. Deshalb hätten sie Bohr bewegen wollen, auch die USA und Großbritannien von der Herstellung der Atombombe abzubringen – wovon Bohr allerdings nichts habe wissen wollen. Heisenberg, so diese Version, wollte den Lehrer und väterlichen Freund Bohr vor einer Fortsetzung der alliierten Atombombenpläne warnen. Das entspricht der Version, die Heisenberg gegenüber Jungk gab und die Bohr zu seinem Brief an Heisenberg veranlaßte. Was nun also? Wollte Heisenberg Bohr aushorchen, wollte er ihn warnen (und was heißt hier »warnen«?), wollte er ihn auf seine Seite ziehen oder ihm – als eine Art Rudolf Heß der Nuklearforschung – im Alleingang einen Waffenstillstand anbieten? So richtig froh wird mit dem ganzen Wust von Hypothesen nur einer: der Schriftsteller Michael Frayn. Mögen alle anderen sich um die eine und einzige Wahrheit bemühen, ihm genügt es, die Unschärfe als wissenschaftliches und moralisches Problem in Szene setzen.

Das tut Frayn in seinem Stück, das vom Broadway bis nach Kopenhagen ein Renner war, glänzend. Es ist ein Stück, dessen Spannung auch den naturwissenschaftlichen Laien ansteckt. Zwei Akte lang bewegen sich Heisenberg, Niels Bohr und seine Frau Margrethe wie beschleunigte Teilchen durch Raum und Zeit und umkreisen von einem Zeitpunkt nach dem Tode aus den Kopenhagener Septemberabend in seinem möglichen Verlauf, seiner Vor- und Nachgeschichte. »Warum ist er nach Kopenhagen gekommen?« fragt Margrethe gleich am Anfang,

Niels Bohr (1885–1962) mit seiner Frau Margrethe, 1955

und Bohr antwortet prophetisch: »Auf manche Fragen gibt es
keine Antworten.« Offiziell ist Heisenberg gemeinsam mit
Weizsäcker nach Kopenhagen gekommen, um an einem vom
Deutschen Wissenschaftlichen Institut, einer »Propaganda-
Organisation der Nazis«, wie Margrethe weiß, veranstalteten
Kongreß teilzunehmen – zu dem auch Bohr und seine Mitarbeiter eingeladen sind, die allerdings die Teilnahme aus politischen Gründen verweigern. Heisenberg ist Bohrs Schüler
und Weggefährte, in den zwanziger Jahren hat er drei Jahre an
Bohrs Institut geforscht und dort seine glücklichste Zeit verbracht. Ist er ein Nazi geworden? Einen »weißen Juden« hat
man ihn genannt, weil er weiterhin Einsteins Relativitätstheo-
rie lehrte, die sogenannte jüdische Physik. Angeblich will er
nur deshalb in Deutschland bleiben, um nach Hitlers Ende die

deutsche Wissenschaft neu aufzubauen. Heisenberg muß sich darüber im klaren sein, daß ein Besuch im besetzten Dänemark bei Bohr, dem wissenschaftlich und politisch mißliebigen Halbjuden, den nur sein Ruhm vor der Verfolgung schützt, höchste Brisanz hat. Es herrscht eine gereizte Stimmung zwischen den beiden, ein Klima des Mißtrauens, in dem nur noch sporadisch die alte Freundschaft und die fachliche Wertschätzung aufblitzen.

Früher, erinnert sich die stets hellsichtige Margrethe, war es anders. Da entwarfen die beiden bei tagelangen Wanderungen durch Seelands Norden »einen Großteil der Physik dieses Jahrhunderts unter freiem Himmel. Beim Wandern auf den Waldwegen um Tisvilde. Auf dem Weg zum Strand, mit den Kindern. Heisenberg mit Christian an der Hand. Ja, und jeden Abend in Kopenhagen, nach dem Essen, gingen sie in den Fælledpark, hinter dem Institut, oder raus über die Langelinie zum Hafen. Gehen und reden. Lange, bevor die Wände Ohren hatten ...« Der eine lieferte die Quantenmechanik, der andere die Unbestimmtheitsrelation, und gemeinsam wurde daraus die »Kopenhagener Deutung«. So war es damals, in den goldenen zwanziger Jahren. Jetzt können sich Bohr und Heisenberg nicht einmal mehr einigen, wo sie im September 1941 spazierengegangen sind. Und während in Frayns Stück bei den beiden Hauptfiguren die Gründe für das mysteriöse Treffen mehr und mehr verschwimmen, die politischen ebenso wie die wissenschaftlichen, präsentiert die patente Margrethe, die den egozentrischen Heisenberg noch nie richtig hat leiden können, eine ganz selbständige Deutung für seinen Besuch: »Und wenn du wissen willst«, sagt sie zu Heisenberg, »warum du 1941 nach Kopenhagen gekommen bist, dann werde ich dir auch das sagen. Du hast recht, da gibt es kein großes Geheimnis. Du bist gekommen, um anzugeben.«

Wenn es so wäre, dann bräuchte sich die Nachwelt nicht länger über Bohrs Gespräch mit Heisenberg zu erregen. Aber ganz so einfach wird es dann wohl doch nicht gewesen sein. Steht hier nicht die Reputation einiger der berühmtesten deutschen Physiker auf dem Spiel? Hängt vom Verlauf jenes Abends nicht doch das Urteil ab, wie wir Heisenberg und seine Gefährten sehen sollen: als ehrgeizige Vertreter einer kriegswichtigen Wissenschaft oder mutig sondierende Unterhändler eines möglichen Friedens? Es erstaunt nicht, daß die Freigabe der Bohr-Dokumente in Deutschland viel höhere Wellen schlug als in Dänemark selbst. Am guten Ruf von Bohr nimmt ihre Veröffentlichung ohnehin kaum Korrekturen vor. Mit Recht gilt er nicht nur als physikalisches Genie, sondern als großer Humanist und Vorkämpfer für Frieden und Abrüstung. Soeben ist er bei einer Umfrage von *Berlingske Tidende* nach dem größten Dänen aller Zeiten auf Platz 2 gelandet. Niels Bohr, der freundliche, nur manchmal zerstreute und schweigsame Mann, von dem er heißt, er habe seine Mitarbeiter gern mit ins Kino genommen, damit sie ihm hinterher die Handlung erklären konnten, Niels Bohr, der Nuschler, von dem erzählt wird, er habe mehrere Fremdsprachen fließend gesprochen, nur habe man manchmal nicht gewußt, welche es gerade war, ist ein Mann von Einsteins Statur. Wir wissen nicht, ob er Bier mochte. Mit Heisenberg trank er nach langen Spaziergängen und Gesprächen gern noch eine Flasche Wein im Institut. Damals in der guten Zeit lange vor dem Krieg.

Kapitel 16

Henningsens Lampe.
Denkwürdigkeiten der Langelinie

>*»Die Luft rötet die Wangen, und es ist so frisch und*
>*herrlich hier, daß auch die Sorgen, wenn es sie in unseren*
>*Nächten gab, über den Sund davonwehen.«*
>(Herman Bang)

»Das Frühjahr ist die beste Zeit der Langelinie«, schreibt Herman Bang in einem Zeitungsfeuilleton des Jahres 1882, und er fährt fort mit der zutreffenden Beobachtung: »Jede unserer Anlagen hat ihre Saison.« Für den Juni empfiehlt er Rosenborg. Der Herbst gehört Frederiksberg. Für laue Sommerabende rät er zum Kastellwall. Und das Frühjahr ist eben die beste Zeit der Langelinie. Die Frage ist dabei nur, ob es überhaupt ein Frühjahr in Kopenhagen gibt, wenn wir damit so etwas wie »Frühling« meinen. Unter den Kopenhagener Jahreszeiten scheint der Frühling nicht die ausgeprägteste. Gern wollen wir das Lob des hiesigen Frühsommers singen oder das des frühen Herbstes. Auf den Frühling hingegen warten wir meistens zu lange, aber wenn er dann kommt, Ende April oder Anfang Mai, dann kommt er oft mit solch sommerlicher Macht, daß die Menschen sich die Kleider von den Leibern reißen und mit bloßen Oberkörpern und einem Sixpack in der Hand in die Parks strömen, um sich ganz dem Sonnenbaden und Frisbeescheibenwerfen hinzugeben. Auch wenn zwischendrin wieder kalte Winde wehen, verschwinden Mäntel und feste Schuhe bis zum Herbst in den Schränken. Weil man das Frühjahr so dringend herbeigesehnt hat, wird es auch bei niedrigen Temperaturen überschwenglich gefeiert. In dieser Zeit geschieht, was Herman Bang beschreibt: Die Langelinie und der Sund entfalten ihren ganzen Zauber. Vielleicht ist man nachts auf einem Ball gewesen, schreibt er, und hat sich, noch halb benommen, auf einen Gang hierhergemacht. Hat man dann erlebt, wie »der Sund wogend und frisch vor einem liegt und die Frühjahrsluft mit ihrer reinen Schärfe fast wie edler Wein ermüdet und berauscht, dann kehrt man oft zurück«.

Ist die Langelinie, Kopenhagens Hafenpromenade, noch immer der Ort, wo Nektar und Ambrosia zum Katerfrühstück gereicht werden? Heute gibt man sich auch mit einem Eis zufrieden. Am oberen Ende der Langelinie steht ein vielbesuchter Kiosk, wo man sich zum Abschluß eines Spaziergangs ein großes Eis kauft, kein italienisches, sondern ein dänisches, sehr soft und riesengroß und reich verziert mit Streuseln, Fruchtsauce und Schlagsahne. Hier läßt es sich gut sein: Zu jeder Tageszeit haben ein paar Angler ihre Ruten ausgeworfen, die Jogger, erschöpft vom steifen Gegenwind, umkreisen den Leuchtturm und treten in Erwartung günstigerer Winde den langen Rückweg an, und irgendein verliebtes Paar begrüßt den Morgen, während sich in der aufgehenden Sonne das Fährschiff aus Bornholm nähert. Früher ragte hier eine Mole mit einem kleinen Leuchtturm ins Meer hinaus. Nun ist das Idyll gestört und die Mole verkürzt, weil hier seit neuestem die großen Fährschiffe abfahren, vor allem die Oslo-Fähre, deren Abfahrtssignal um fünf Uhr nachmittags aus der Akustik des Kopenhagener Lebens nicht wegzudenken ist. Weil unten an der Kvæsthusbro ein neues Schauspielhaus errichtet wird, hat man den Terminal für die Fähren weiter nach Norden verlegt.

Frisch und herrlich wird es an der Langelinie auch so bleiben; aber der Bangsche Impressionismus mit seiner Schwäche für Salons (im Winter) und Anlagen (im Sommer) gibt von ihr nur die eine, die ästhetische Seite wieder. Als wäre die Langelinie nur ein Ort für Genießer. Gewiß will ein Großteil des auswärtigen Langeliniepublikums vor allem Andersens Kleine Meerjungfrau sehen. Aber nur ein paar Meter südlich erinnert das Freiheitsmuseum, Gedenkort des dänischen Widerstands gegen die deutsche Besatzung der Jahre 1940–1945, an andere Schicksale an diesem Kai, an Deportierte, Flüchtlinge und Exilierte. Unmittelbar im Rücken der Langelinie liegt das immer noch militärisch genutzte Kastell mit seinen uralten Verliesen und Kanonen, den Gräben und dem fünfgezackten Stern aus Wällen und Bastionen. Politik, wohin man blickt; auch am Gefionsspringbrunnen, der nun nach fünfjähriger Reparatur endlich wieder springen darf. Die Brunnenskulptur aus den Jahren 1897 bis 1908 zeigt Snorri Sturlusons Saga-Göttin Gefion, wie sie mit ihrem von vier Ochsen gezogenen Pflug die Insel Seeland buchstäblich aus schwedischem Boden herauspflügt. Der Schwedenkönig hatte ihr soviel Land geboten, wie sie in einer Nacht zu pflügen imstande sei. Darauf verwandelte Gefion ihre vier Söhne kurzerhand in Ochsen und beackerte in einer Nacht ein Areal von der Größe Seelands, das in Schweden ein Loch hinterließ, aus dem dann der Vänern-See wurde, während das gewonnene Neuland als eine Insel namens Seeland zwischen Schonen und Fünen zu liegen kam; wo es noch heute liegt.

An der Langelinie sollte in der Nacht vom 1. auf den 2. Oktober 1943 die von Hitlers Reichsbevollmächtigtem Best organisierte Deportation der dänischen Juden vor sich gehen. Am Kai lag die »Wartheland«, die 5000 Personen befördern konnte. Bei der nächtlichen Razzia hatte man jedoch nur 200 Juden festnehmen können. Fast überall fand die Gestapo leere Wohnungen vor. Weil das Schiff noch Kapazitäten hatte, füllte man es mit ebenfalls kurz zuvor arrestierten Kommunisten auf. Die Fahrt ging nach Swinemünde und von dort mit dem Zug weiter nach Theresienstadt. Mehr als 7000 dänische Juden aber konnten untertauchen und sich bei Freunden und Nachbarn versteckt halten, bis sich die Möglichkeit zur Flucht über den Sund nach Schweden bot. Auf Hunderten von Transporten auf Fischkuttern gelangten sie im Oktober 1943 in Sicherheit.

Auch mancher deutsche Exilant ist an der Langelinie gestrandet. Der Schriftsteller Walter Kolbenhoff erzählt in seinen Erinnerungen von seinen Begegnungen. Erst entdeckt er, auf einer Bank sitzend, »in einen dicken Mantel gehüllt und mit einer Wollmütze auf dem Kopf«, einen alten Mann, der ihm bekannt vorkommt. Es ist Philipp Scheidemann, der Sozialdemokrat, der 1918 die deutsche Republik ausgerufen hat. Da sitzt er, »der Arbeiterverräter, der Sozialfaschist«, denkt Kolbenhoff, der Kommunist, aber dann regt sich bei ihm Mitleid mit dem alten Mann auf der Bank im Exil. Doch schon fällt ihm ein zweiter berühmter Flüchtling aus Hitlers Deutschland auf, der in Begleitung einer schönen Frau ein paar Bänke entfernt sitzt. Es ist Wilhelm Reich, der marxistische Sexualrevolutionär, im Unterschied zu Scheidemann ein richtiger Genosse. Kolbenhoff will ihm von Scheidemann erzählen, aber das interessiert Reich nicht. »Welche von den Genossen hast du hier getroffen? Sind welche von der Berliner Gruppe dabei?«, das sind Fragen, die ihn beschäftigen. Deutsche Flüchtlingsgespräche an der Langelinie im Jahre 1933.

Unweit von der Kleinen Meerjungfrau steht ein anderes Gebäude, in dem sich etwas von der wechselvollen Geschichte dieser Promenade materialisiert. Es ist der Langelinie-Pavillon, ein Ausflugslokal, das 1884 gebaut und 1944 von dänischen Nazi-Sympathisanten gesprengt wurde. 1952 hat man den Pavillon wiedererrichtet. Für ihn hat Poul Henningsen ein paar Lampen entworfen, die noch heute dort hängen. Den Grundstein zu seinem Ruhm hatte Henningsen als junger Mann gelegt, mit der spielerisch-genialen und kommerziell

ungemein erfolgreichen PH- (also Poul-Henningsen-)Lampe,
die bis heute aus dem dänischen Wohnzimmer nicht wegzudenken ist. Im Langelinie-Pavillon findet man spätere und
noch kühnere Entwürfe; etwa die Artischocke (für 4 320 Euro
bei Louis Poulsen zu beziehen) oder die große Zapfenlampe.
Auch sie sind Klassiker der modernen Lichtkunst geworden. Es
lohnt sich, ausführlicher über Poul Henningsen zu reden, der
ein großer Lichtdesigner und -theoretiker, ein Architektur-
und Kulturkritiker, Stadtplaner, Lyriker und Liederschreiber,
ein populärer Nonkonformist, ein Enfant terrible und vieles
mehr gewesen ist. Ein Multitalent wie sein im Ausland
berühmterer Kollege Arne Jacobsen und ein »Kulturradikaler«,
wie sich die unorthodox-linken oder »freisinnigen« dänischen
Künstler und Intellektuellen der Zwischenkriegsjahre selber

nannten. Auch Henningsen ist 1943 auf einem Fischerboot über den Sund nach Schweden geflohen, nicht wirklich verfolgt, doch mißtrauisch beäugt von den deutschen Besatzern und gehaßt von ihren dänischen Sympathisanten. Die vierstündige Ruderpartie von Høje Skodsborg nach Landskrona sei lang und sauer gewesen, erinnert er sich später.

Nicht nur für seine Lampen ist Poul Henningsen berühmt geworden, sondern auch für seine Lieder. Etwa für eines aus dem Jahre 1936, das »Sproget« (»Die Sprache«) heißt und wie so viele Perlen aus dem dänischen Liederschatz der Muttersprache huldigt. »Für mich«, heißt es in der ersten Strophe, »ist der Klang der Sprache die Stimme meiner Mutter / kurz und klar wie ein Hammerschlag / mit einem freundlichen Schwung«, und dann wird die Schönheit der dänischen Dialekte besungen, der Sprechgesang der Inselbewohner, der »Stoß« der Jütländer (ihn zu erklären, würde den Rahmen dieses Buches sprengen), und überhaupt: Sollen doch die feinen Leute sich ums Geschriebene kümmern, was in der Sprache wirklich zählt, das passiert im Mund, das ist das gesprochene Wort. »Det levende ord«, das lebendige Wort, hatte der alte Grundtvig den Dänen gepredigt, und darin ist auch Poul Henningsen Grundtvigianer, ein Freund des Volkstümlichen und Gegner aller Schriftgelehrsamkeit. Als seine Zeilen geschrieben wurden, war eben der »Kulturkampf« entbrannt, in dem sich die Freisinnigen wie Henningsen und ihre bürgerlich-konservativen Widersacher im Streit um Werte und Moral gegenüberstanden. Die Bürgerlichen hatten den Dialekt von den Rundfunkmikrofonen verbannt und ließen alle Sprecherkandidaten auf ihre hochsprachliche Eignung testen. Poul Henningsen dagegen bricht eine Lanze für die Wonnen des Dialekts, für »den brede åbne klang / den københavnske slang« (»den breiten offenen Klang, den Kopenhagener Slang«), von dem man aus heutiger Sicht nur sagen kann: Der Kampf ist gewonnen. Während das Hochdänische fast nur noch von Königin Margrethe und vielleicht noch von einigen ihrer Hoffräulein praktiziert wird. In Poul Henningsen verkörpert sich ein Typus, um den man die Dänen ernstlich beneiden kann: ein Typus von oft autodidaktischen Alleskönnern, populär, witzig, unangepaßt und frei von jedem Dünkel. Benny Andersen, Dänemarks bekanntester lebender Poet und Liederschreiber, ist auch so einer.

Jetzt aber führt an der Kleinen Meerjungfrau keine Abschweifung mehr vorbei. 1913 hat man sie an der Langelinie aufgestellt. Dahinter steckte, wie fast immer in Kopenhagen, der Brauer und Mäzen Carl Jacobsen mit der Ny-Carlsberg-Stiftung. Jacobsen hatte Andersens *Kleine Meerjungfrau* als Ballett gesehen und sogleich beschlossen, die Solotänzerin als Denkmal zu verewigen. Dann allerdings saß die Ehefrau selbst Modell, zumindest obenherum, und Brauer Jacobsen wählte persönlich die Stelle aus, wo die Figur stehen sollte und wo sie immer noch steht, wenn sie nicht gerade von Vandalen enthauptet wurde und zur Restaurierung in der Werkstatt weilt. Mag auch das Frühjahr die beste Zeit der Langelinie sein, dank Hans Christian Andersen hat sie immer Saison. Und dank der *Kleinen Meerjungfrau* ist Andersen der Größte unter den Poeten der Langelinie. Aber wie traurig ist doch dieses Märchen; kein Einschlafmärchen zur guten Nacht, sondern ein bitteres, schmerzliches Gleichnis von Liebe und Leid, in dem die Schönheit den Schmerz nur noch steigert: »Die Sonne war gerade untergegangen, als sie den Kopf über das Wasser erhob; aber alle Wolken glänzten noch wie Rosen und Gold, und inmitten der blaßroten Luft strahlte der Abendstern so hell und schön; die Luft war mild und frisch und das Meer ganz ruhig. Da lag ein großes Schiff mit drei Masten, ein einziges Segel war nur aufgezogen, denn nicht ein Lüftchen rührte sich; und rings umher im Tauwerk und auf den Rahen saßen

Matrosen.« Es muß die Langelinie sein, deren abendliche Reize Andersen hier so unnachahmlich in Bilder kleidet, und wer möchte bei all dieser Pracht nicht auch ein Mensch sein, so wie die Meerjungfrau es ersehnt, die es aus dem dunklen Naß nach oben zieht und deren Liebe doch nie erwidert werden kann, weil sie keine von den Irdischen ist. »Da seufzte die kleine Meerjungfrau und sah betrübt auf ihren Fischschwanz.« Geschichten von der Langelinie.

Kapitel 17

Pelles Eroberungen.
Die Arbeiterklasse zieht ins Grüne

»Es lag immer etwas Entsetzliches hinter der
Physiognomie der Stadt, als lauere sie nur darauf,
Menschen in ihr Netz zu ziehen und sie auszusaugen.«
(Martin Andersen Nexø, *Pelle, der Eroberer*)

Was will uns heute ein Roman sagen, der vom Elend des Proletariats am Anfang des 20. Jahrhunderts erzählt, von Klassen- und Arbeitskämpfen, Gewerkschaften und Ausbeutern, und der schließlich in ein Plädoyer für Herzensgüte und Solidarität mündet? Martin Andersen Nexøs vierbändiger Roman *Pelle, der Eroberer*, zwischen 1906 und 1910 in Kopenhagen erschienen, ist ein wenig in Vergessenheit geraten. Andererseits war Bille Augusts Verfilmung des Romanstoffs ein Welterfolg. 1987 erhielt der Film, mit Max von Sydow in der Rolle von Lasse, Pelles Vater, und mit Pelle Hvenegaard als Pelle, die Goldene Palme von Cannes. Wegen der Filmrechte mußte man in der DDR vorstellig werden, denn Andersen Nexø hatte seine späten Jahre in Dresden verbracht, wo er 1954 starb, prämiert unter anderem mit dem Nationalpreis Erster Klasse für Kunst und Literatur.

Allerdings beschränkt sich der *Pelle*-Film auf die ersten zwei der vier Romanteile. Anders als Pelle im Roman kommt der Film nie in Kopenhagen an. Er begnügt sich mit der Vorgeschichte, in der das dürftige Leben des schwedischen Einwanderers Lasse erzählt wird, der mit seinem achtjährigen Sohn Pelle auf der Insel Bornholm landet und dort ein Leben als

Knecht fristet. Sein Sohn Pelle geht bei einem Schuhmacher in die Lehre und bricht eines Tages allein nach Kopenhagen auf, um dort sein Glück zu versuchen. Nach Hans Christian Andersen ist Martin Andersen, der sich nach dem Ort auf Bornholm, an dem er einen Großteil seiner Jugend zugebracht hatte, Andersen Nexø nannte, wohl der weltweit meistgelesene dänische Autor. Kommunisten, Sozialisten und Humanisten in aller Welt haben seinen Roman, den wohl ersten proletarischen Bildungsroman, mit leuchtenden Augen gelesen. *Pelle, der Eroberer* ist tatsächlich ein bewegendes Klassen-Epos und außerdem ein Buch voll anschaulicher Einzelheiten über die wirklichen Lebensumstände wirklicher Menschen um die vorletzte Jahrhundertwende. Inzwischen gibt es den Roman, der in der DDR eine Auflage nach der anderen erlebte, nach längerer Pause auch wieder im deutschen Buchhandel, wenn auch als Jugendbuch. Das aber ist ein Mißverständnis.

Andersen Nexøs 1400seitiger Proletarier-, Menschheits- und Menschwerdungsroman vollzieht anhand seiner Kopenhagener Schauplätze einen historischen Entwicklungsweg: den Weg der Arbeiterklasse aus dem Elend ins irdische Paradies. Der Moses dieses Auszugs aus Ägypten (ein Vergleich, der im Roman selbst wiederholte Male angestellt wird), der Mann, der die Massen mobilisieren kann und dafür beinahe mit dem privaten Glück bezahlt, heißt Pelle. Pelle, der Eroberer. Als Pelle nach Kopenhagen kommt, leben 500 000 Menschen in der Stadt, ein großer Teil davon als Fabrikarbeiter und Tagelöhner, die in armseligsten Massenunterkünften hausen. In Unterkünften wie »Arken«, der Arche in Christianshavn, wohin es Pelle gleich nach seiner Ankunft von Bornholm verschlagen hat: »Auf dem feuchten Grund des Schachtes wimmelte es von spielenden Kindern. Sie hingen zuunterst am Holzwerk, spazierten trällernd auf dem Balken herum, ein Schmalzbrot in der Hand, oder setzten sich auf den Boden und rutschten auf dem klebrigen Steinpflaster vorwärts. Die Luft war rauh und naßkalt wie in einem alten Brunnen und hatte die kleinen Gesichter mit Skrofeln bedeckt, aber aus dem Tonnengang, der nach der Gasse führte, kam hin und wieder ein warmer Hauch von Duft und blühenden Bäumen – ganz hinten vom Wall her.« So beginnt das dritte Buch des Romans, *Der große Kampf* betitelt. Ausgerechnet der alte Wall, Wahrzeichen des alten, engen Kopenhagen, spendet in dieser naßkalten, wie von Rost überzogenen Welt so etwas wie Luft und Wärme. Ansonsten aber ähnelt die Arche der Welt von Victor Hugos *Les Misérables* (ein Buch, das Andersen Nexø gut kannte). Hier wohnen die Verdammten dieser Erde, das Lumpenproletariat von Kopenhagen, Krankheit und Sittenlosigkeit nisten in den feuchten Wänden, und eigentlich, soviel weiß man als Leser längst, gehört der Schuster Pelle, mit all seiner Zielstrebigkeit, seiner Anständigkeit, seiner Organisations- und Weltveränderungsfreude, nicht hierher.

Mit der Arche, dieser schäbigen und zugleich lebensprallen Slumkaserne in Christianshavn, fängt Pelles Kopenhagener Leben an; aber bald lernt er höhere Organisationsgrade der Arbeiterklasse kennen. Auf Spaziergängen hinaus nach Nørrebro macht er Bekanntschaft mit einer neuen Welt: »Die Häuser waren neu und mit Hilfe von Lot und Lineal gebaut; die Männer gingen ihren Weg, man konnte einem jeden ansehen, was er war. Hier draußen hatten der Sozialismus und die neuesten Anschauungen ihr Revier.« Hier draußen wird nicht geschlendert, sondern marschiert, und zwar im Takt einer neuen Zeit. Die Arbeiter sind gewerkschaftlich organisiert, sie leben solide, bilden sich weiter, treiben Sport – keine Spur mehr vom chaotischen Durcheinander der Deklassierten in der Arche. Auch Pelle ist in die Gewerkschaft eingetreten. Außerdem hat er die Frau fürs Leben gefunden, Ellen, Tochter von Maurer Stolpe, einem wichtigen Gewerkschaftler, und er

*Martin Andersen Nexø (1869–1954), hier 1908 im Garten der Villa
»Morgenröte« in Espergærde während der Arbeit an* Pelle, der Eroberer

hat seine ersten Erfolge als Streikführer und Unterhändler errungen. Kurz, Pelle ist auf dem besten Weg, Politiker zu werden. Aber noch immer nagt die Armut an ihm; die Streikkassen sind leer, und bei den Mächtigen der Zunft ist er als Agitator verschrieen: »Glauben Sie, daß wir Leuten Brot geben, die uns das Wasser abgraben? Raus aus meinem Geschäft, Monsieur Gewerkschaftsmitglied!« Trotzdem kann sich die junge Familie bald eine eigene Zweizimmerwohnung leisten, noch immer in Christianshavn, »am Kanal, gegenüber dem Zuchthaus«, wo die Häftlinge Wolle waschen. Pelle mag die Kanäle, sie sind für ihn ein »Ausguck, sie wirkten befreiend auf sein Gemüt«, anders als die Mietskasernen von Nørrebro.

Irgendwann ziehen Pelle und Familie dann doch nach Nørrebro hinaus, man wohnt am Kapelvej, der den Assistens-Friedhof begrenzt. Inzwischen ist auch Pelles Vater aus Bornholm nach Kopenhagen gekommen. Pelle hat ihn in der Arche untergebracht, wo sich der Vater mit Gelegenheitsarbeiten über Wasser hält. Mit dem Schusterhandwerk hat es für Pelle nun ein Ende; er wird Arbeitsmann, später sogar technischer Zeichner in der Maschinenfabrik »Dänemark«. Den Rest des Tages widmet er der politischen Arbeit und vernachlässigt dabei seine Familie. Neue Arbeitskämpfe ziehen herauf, die oft genug mit schmerzlichen Niederlagen enden. In grausam kalten Wintern, wenn die Arbeitslosen frierend vor den Suppenküchen Schlange stehen, zweifelt Pelle mitunter an der göttlichen Vorsehung. Kann der große Kampf, in dem es um die Anerkennung der Gewerkschaften als Verhandlungspartner geht, überhaupt gewonnen werden? Ist es überhaupt noch Pelles Kampf, jetzt wo er ein Angestellter ist? Aber wie heißt es im Roman so unmißverständlich: »Pelle hatte in einer Vision die natürliche Solidarität der Arbeiter gesehen«, und deshalb hört der Kampf für ihn erst auf, wenn die Vision Wirklichkeit geworden ist. Pelle weigert sich, den Streik zu brechen, und wird gefeuert, aber er schafft es, mit einer flammenden Rede vor den Streikbrechern, diese zur Aufgabe zu überreden.

Im Triumphzug wird Pelle von den siegreichen Arbeitern durch die Stadt geleitet: »Es war zweifellos Pelles Sieg. (...) Sie riefen hurra oder seinen Namen, wenn er sich zeigte. Früher wäre ihm das zu Kopfe gestiegen, doch jetzt fand er es ganz natürlich, Folge eines höheren Willens.« Dieser Pelle hat eine historische Sendung. Er hätte wohl auch das Zeug zum Berufs-revolutionär. Wen wundert es da, wenn er seine Familie ver-nachlässigt? Um über die Runden zu kommen, ist seine Frau zur Prostituierten geworden. Als Pelle davon erfährt, verläßt er die Familie. Der große Kampf ist gewonnen, ein anderer aber verloren. Pelle, der Meister des politischen Kompromisses, läßt sich vor fünfzigtausend Genossen feiern. Aber bevor alles gut wird, schickt Andersen Nexø seinen Helden erst einmal ins Fegefeuer. Auf der Höhe des Triumphes stirbt sein Vater, dann brennt die Arche ab, und zuletzt wird Pelle wegen angeblicher Falschmünzerei (dabei hatte er nur einen 10-Kronen-Schein als Spielzeug in Holz geschnitten) zu fünf Jahren Gefängnis verurteilt.

Andersen Nexø hat sich stets dagegen verwahrt, seinen Roman als verkappte Autobiographie zu lesen. Freilich gibt es Paralle-len genug: Wie Pelle ist sein Autor 1869 geboren, zwar nicht wie Pelle in Schweden, sondern, als viertes von elf Kindern eines Steinhauers, in Christianshavn. 1877, im selben Jahr, da Pelle nach Bornholm übersiedelt, zog auch die Familie Andersen auf die Insel, wo der Vater in einem Steinbruch bei Nexø Arbeit fand. Der Sohn arbeitete eine Weile als Knecht auf einem Bau-ernhof und begann als Fünfzehnjähriger eine Schuhmacher-lehre, ehe er sich auf dem Weg der grundtvigschen Volkshoch-schule den Zugang zu einer literarischen Laufbahn eröffnete. In den ersten Jahren arbeitete Andersen noch gleichzeitig als Lehrer und schrieb seine Romane nachts, ehe er 1901 den Brotberuf aufgab. Als *Pelle* erschien, war dem Roman zunächst kein Erfolg beschieden; erst als ein kleiner Verlag ihn ein zweites Mal in großer Auflage auf den Markt brachte, schaffte er den Durchbruch.

Von Christianshavn nach Nørrebro, so verläuft der Weg der gesteigerten Militanz und Disziplin. Im Gefängnis hat Pelle, beim Absingen frommer Choräle, eine andere Lektion gelernt. Um ein ganzer Mensch zu werden, bedarf es auch der Ausbildung des inneren Menschen, der sozialen Verantwortung, des Prinzips Nähe. Pelle zieht es an die »Quellen des Lebens«. Der Arbeiterführer ist ein schlechter Familienvater gewesen, und das muß sich ändern. Aus dem Sozialisten wird unter dem Einfluß des Gefängnisses ein Grundtvigianer. Derart kuriert, scheint Pelle endlich reif, ein guter Sozialdemokrat zu werden. Ein Mann des Kollektivs, aber kein Radikaler, ein gemäßigter, volksnaher Streiter für das Gemeinwohl. Zurück also zur Familie, aber wo wohnt inzwischen Ellen mit den Kindern? Nicht mehr am Kapelvej, wie Pelle nach der Entlassung feststellen muß, sondern, wie er von seinem Schwager erfährt, in Vesterbro. Was ist dies nun wieder für ein Milieu, und was soll uns seine Wahl im Blick auf Andersen Nexøs Lehre vom Geschichtsprozeß sagen? Pelle »bog in die Viktoriagade ein und sah sich staunend um – hier war er noch nie gewesen. Er las die Schilder: Artistenbüro, Artistenheim, Logis für Artisten, Massage und Hühneraugenoperateur, Kostüme zu vermieten. (…) Und Mangel an Pfandleihern und Trödlern herrschte hier auch nicht. Wie war Ellen nur in diese sonderbare Atmosphäre von Parfüm, alten Kleidern und fremden Ländern hineingeraten?« Und was soll hier aus Pelle werden, in dieser bahnhofsnahen Halbwelt, kaum weniger liederlich und lasterhaft als damals die Welt der Arche?

Fast scheint es, als solle oder müsse sich Pelle hier, um ein besserer Mensch zu werden, mit der bisher verworfenen Seite seines Menschseins versöhnen, mit dem Nicht-Idealen, dem kruden Menschenleben. Hier also findet sich die Familie nach geglückter Zusammenführung wieder: in einem »bunten Stadtteil, wo die gestiefelte Armut und die sohlenlose Intelligenz sich ein Stelldichein gaben«, in einem »Palais« genannten Haus mit unklarem Klassenstandpunkt und einem angeschlossenen Festsaal, in dem manchmal russische oder polnische Auswandererfamilien schlafen und das Pelle, unternehmungslustig wie eh und je, in eine Artistenunterkunft verwandelt. Fast sieht es aus, als werde sich Pelle hier zur Ruhe setzen und den politischen Kampf Kampf sein lassen. Er mag den bunten Stadtteil, »wo neue Läden mit großen Spiegelscheiben sich mit niedrigen Erdgeschossen abwechselten, in denen man hinter gewöhnlichen Fenstern mit Goldlack und Georginen Kleinhandel trieb, ganz wie daheim in der Provinz. (…) Hier wohnten arme Leute genug, aber das Leben war doch nicht so hart wie draußen auf Nørrebro.« Man könnte denken, daß eine Art Poesie des Kleinbürgertums von Pelle Besitz ergreift und ihm schleichend den Kampfgeist raubt. Aber Pelles Eroberung kann nicht in Vesterbro zu Ende gehen, wenn sie etwas Symbolisches und Gültiges über den Weg der dänischen Arbeiterklasse aussagen soll. Dies ist ja kein Roman über einen Artisten, sondern über einen lesenden Arbeiter. Wohin führt der Weg, der auf dem Land begann? Zurück aufs Land. Das Reich der Freiheit liegt nicht in Christianshavn, nicht in Nørre- und auch nicht in Vesterbro, sondern draußen vor den Toren der Stadt.

Genossenschaft heißt das Zauberwort: Pelle träumt von einer genossenschaftlich organisierten Schusterwerkstatt, und manchmal erscheint sie ihm schon im Traum: »Er stand in einem hellen Raum und arbeitete zwischen lauter Kameraden, keiner war Herr und keiner Diener, die Maschinen schnurrten und die Kameraden sangen und pfiffen (…) Sie hatten eine kurze Arbeitszeit und glückliche Häuslichkeiten, die auf sie warteten.« Pelles Traum handelt nicht mehr nur von der Arbeit, sondern vom Glück der Häuslichkeit. Es ist ein dänischer Traum. Kein Traum vom Kollektiv im Plattenbau, sondern einer vom individuellen, egalitären Glück auf der eigenen Parzelle. Kein kommunistischer, sondern ein sozialdemokratischer, kein proletarischer, sondern ein Kleinbürgertraum. Auf einem ihrer Ausflüge hat die Familie ein unbewohntes, leicht verfallenes Haus mit großem, verwildertem Garten entdeckt, das den Namen »Morgenröte« trägt (so hieß auch das Haus in Espergærde, das Andersen Nexø 1904 erworben hatte und in dem er *Pelle, der Eroberer* schrieb). Hier oder nirgends wird ihre Zukunft sein. Mit Hühnern und Kaninchen, mit Obst und Gemüse aus eigenem Anbau, mit frischer Luft und Stille und beiden Füßen in der schwarzen Erde.

Damit man vom eigenen Haus auch etwas hat, darf man nicht zu lange arbeiten. Um vier Uhr schon ist in Pelles Werkstatt Schluß, und mancher Arbeiter nutzt den Nachmittag, um mit der Familie auszugehen. In Pelles Reformprojekten erkennen wir den Keim zu einer Lebensform, die sich landesweit und flächendeckend durchgesetzt hat. »Pelle«, so heißt es, »war glücklich, auf dem Lande zu wohnen, es war sein Traum, daß einstmals auch die Arbeiter wieder hier herausziehen sollten. Die Stadt wurde ihm immer widerwärtiger, er konnte nie ganz vertraut mit ihr werden.« Aus Pelle ist zwar ein Eroberer geworden, aber kein Städter. Sein nächstes Projekt wird es sein, rund um die »Morgenröte« Genossenschaftswohnungen für alle zu errichten. Danach wird es um einen Konsumverein und um Kindergärten gehen. »Wir erbauen unsere eigene Stadt auf dem Berge!« sagt Pelle; das freundliche Jerusalem der dänischen Arbeiterklasse. Genossenschaft verpflichtet: »Man kann nicht halb außerhalb und halb innerhalb sein«, und deshalb ist man ganz innerhalb. Pelles Revolution hat gesiegt, und wer wollte sagen, es gäbe für sie wichtigere Ziele als Konsumvereine und Kindergärten? Pelle, du bist der Pionier des Eigenheims, der Vorkämpfer des Sommerhauses und des »Kolonihave« (so der dänische Namen für den Schrebergarten). Wenn wir durch Kopenhagens Vororte (nicht die piekfeinen, aber alle anderen) fahren, dann fahren wir durch Pelles Land.

Kapitel 18

Fräulein Smillas Halbschwestern.
Grönländerinnen in Vesterbro

»Ich habe in Dänemark mehr gefroren
als je in Thule.«
(Peter Høeg, *Fräulein Smillas Gespür für Schnee*)

Gibt es jemanden, der Bille Augusts Verfilmung von *Fräulein Smillas Gespür für Schnee* richtig gut fand? War nicht schon die Idee verfehlt, die Rolle der Halb-Inuit Smilla Jespersen mit einer Schönheit wie Julia Ormond zu besetzen? Björk zum Beispiel wäre eine bessere Wahl gewesen, aber das wäre dann auch ein anderer Film geworden. *Fräulein Smilla*, das ist die Sorte Film, die Lars von Trier und seine Mitstreiter mit ihrem »Dogma 95« aus dem Kino verbannen wollten: ein halbherziges Stück Mainstream, dessen tiefere Berechtigung darin bestehen mag, daß es seinen Investoren Rendite bringt. Ein Erfolgsroman als Vorlage, dazu ein Dutzend Stars sowie ein Regie-Handwerker wie Bille August, die Mischung garantiert noch keinen guten Film.

Auch aus solchen Filmen bleiben manchmal Bilder hängen. Dem Smilla-Film verdanke ich ein Bild von Kopenhagen. Ganz am Anfang, gleich nach dem rätselhaften Prolog auf Grönland, kommt die Knippelsbro ins Bild. Aus der Vogelperspektive sieht man die Brücke, die Bauten beidseits des Meeresarms und das dunkle Wasser, auf dem Eisschollen treiben. Dann kommt Smilla ins Bild, wie sie stadtauswärts über die Brücke geht, dem abweisenden Bau des Außenministeriums entgegen, während ein Krankenwagen mit Blaulicht und Sirenen an ihr vorbeifährt. In der nächsten Einstellung ist sie schon am »Weißen Schnitt« angekommen, einem Wohnkomplex in der Strandgade in Christianshavn. Der Krankenwagen hält vor der Tür, Bewohner und Passanten stehen auf der Straße, und im Schnee liegt ein toter Junge. Viel mehr bekommt man in *Fräulein Smilla* von Kopenhagen nicht zu sehen. Aber das kältestarre Eingangsbild wirkt nach.

Gibt es jemanden, der von Peter Høegs Roman aus dem Jahre 1992 nicht gefesselt war? Wohl kaum. Wer sich einmal in Smillas Abenteuer vertieft hatte, den gab das Buch erst an seinem anderen Ende wieder frei. Allein in Dänemark sind von *Fräulein Smilla* 400 000 Exemplare verkauft worden, was bedeutet, daß fast jeder zehnte Däne Høegs Buch erworben hat. *Fräulein Smilla* war einer der großen Bestseller der neunziger Jahre, ein Roman, mit dem sich für Peter Høeg (dessen Name der internationalen Leserschaft stets Probleme aufgab; man spricht ihn schlicht wie »Hö«) eine fabelhafte Laufbahn anzukündigen schien. Aber Peter Høeg schreibt nicht mehr. Soweit man weiß. Er lebt und schweigt, heißt es, zurückgezogen auf dem Lande. Vielleicht schweigt er ja an einem neuen Buch. Jedenfalls ist von Peter Høeg seit dem zwiespältig aufgenommenen Roman *Die Frau und der Affe* von 1996 nichts mehr erschienen.

So muß man sich an die Schauplätze halten, die Høeg hinterlassen hat. An den »Weißen Schnitt« zum Beispiel. In Wirklichkeit ist der »Weiße Schnitt« an der Strandgade eine Wohnanlage der gehobenen Art. Hier hat man freien Blick aufs Wasser; in nächster Nähe hat das neue Opernhaus eröffnet, wie überhaupt das Viertel Christianshavn eine wundersame Wandlung zum Kunst- und Medienquartier durchgemacht hat. Bei Høeg dagegen wohnen vorwiegend »marginale Existenzen« in dem Bau, Existenzen wie die Grönländerin Juliane, deren kleiner Sohn Jesaja vom verschneiten Dach gestürzt oder gestürzt worden ist, wie der Mechaniker, der bald Fräulein

161

Smillas Gelegenheitsliebhaber wird, oder wie Smilla Qaavigaaq Jespersen selbst, die Geographin und Spezialistin für Eis und Schnee. Sie wohnt hier nur, sagt sie, weil sie aufs Wasser schauen kann: »In diesem Winter«, dem Winter, in dem die Geschichte beginnt, »konnte ich sehen, wie sich das Eis bildet.«

Høegs Geschichte von Fräulein Smilla spielt – in ihrem ersten, längsten und besten Teil »Die Stadt« – in einem winterklammen Kopenhagen, dessen gefühlte Kälte die gemessene noch übertrifft. Kälte ist in diesem Roman stets mehr als ein meteorologischer Befund. Nicht das gemütliche, das »Hygge«-Dänemark, die freundliche Nation des Ausgleichs, ist in Høegs Roman zu betrachten. Sondern ein vergleichsweise tristes, hochmütig in sich gekehrtes und gegen die Außenwelt abgeschottetes Gemeinwesen, das vor allem mit Ausländern nichts zu schaffen haben will. Die Perspektive, aus der Høeg und Fräulein Smilla die fremde Welt der Dänen beäugen, ist die von Kolonisierten auf Kolonialherren.

Mit Fräulein Smilla hat sich Høeg eine Figur ausgedacht, die von Geburt an zwischen den Welten pendelt. Ausgedacht? Journalisten haben in Nørrebro eine Frau ausfindig gemacht, die mit Smilla mehr als nur den Namen teilt. Kassaaluk Qaavigaq (korrekt mit nur einem ›a‹), eine Künstlerin aus Thule, ist Peter Høegs Hauptinformantin gewesen. Mit ihrer Familie ist sie in den fünfziger Jahren aus Thule vertrieben worden, als die Amerikaner dort ihre Militärbasis erweiterten und die Einheimischen gezwungen wurden, sich 100 Kilometer nördlich anzusiedeln. Später dann zog sie, wie so viele Grönländer, weiter nach Dänemark.

Als Tochter einer grönländischen Robbenfängerin und eines dänischen Arztes ist Fräulein Smilla ausersehen, sich an den beiden Polen ihrer Existenz jeweils deplaziert zu fühlen. Mit den grönländischen Frauen, die sich am Beginn des Romans

162

weinend und nur ausnahmsweise nüchtern zur Beerdigung des kleinen Jesaja auf dem Grönländerfriedhof beim Vestre Kirkegaard versammelt haben, verbindet sie nicht viel. Alle Grönländerinnen trinken, nur Smilla trinkt nicht. »Man sagt«, so heißt es aus ihrem Mund, »in Grönland wird viel getrunken. Das ist eine vollkommen unsinnige Untertreibung. Es wird kolossal getrunken.« Smilla trinkt Kräutertee. Für viele Grönländer, sagt sie, »ist die schriftliche die schwerste Seite von Dänemark«, weil sie Analphabeten sind. Sie kommen aus einer kalten Dritten Welt über dem Polarkreis und sind in einem unmütterlichen Mutterland gelandet, das sie nicht verstehen und das sie nicht versteht. Smilla, die selbsterklärte »Luxusgrönländerin«, diese spröde und unergründliche Person, scheint so etwas wie die Botschafterin Grönlands zu sein. Eine Frau, zu deren Fachgebiet nicht nur alle Sorten von Gefrorenem zählen, sondern auch die Kenntnis von einem Menschenschlag, dem man in Dänemark oft nur in seiner traurigsten Form begegnet. Warum nimmt sie ganz allein die Witterung auf, als die Polizei den Tod des kleinen Jesaja als Unfall ad acta legen möchte? Warum tritt sie als selbsternannte Detektivin auf den Plan, um nach und nach die Machenschaften offenzulegen, die sich hinter dem Todesfall verbergen? Fräulein Smilla und ihr Autor wollen, daß wir die Inuit besser kennenlernen. »Kein Tag«, läßt Høeg sie einmal sagen, »an dem ich mich nicht darüber gewundert hätte, wie schlecht Dänen und Grönländer einander verstehen. Das ist natürlich am schlimmsten für die Grönländer. Es ist ungesund für den Seiltänzer, wenn er von dem, der das Seil hält, mißverstanden wird. Und das Leben der Inuit ist in diesem Jahrhundert der reinste Seiltanz gewesen, auf einem Tau, das an einem Ende am schwerstbewohnbaren Land der Welt mit dem härtesten und wechselhaftesten Klima der Welt und auf der anderen Seite an der dänischen Verwaltung festgemacht war.« Es wundert nicht,

Peter Høeg (*1957)

wenn viele Grönländer bei diesem Seiltanz abgestürzt und zu
Fürsorgefällen des bekannt fürsorglichen dänischen Staates geworden sind.

Smilla Jespersen ist von einem solchen Schicksal weit entfernt,
aber auch in ihr regt sich beinahe körperlich das Gefühl der
Unverträglichkeit der beiden Welten Grönland und Däne-
mark. Sind die Grönländer nicht Aborigines, die unter dem
Anpassungsdruck einer kolonisierenden Zivilisation zermah-
len werden? Leute, die im Großstadtraum verlorengehen? »Die
grönländische Hölle ist der geschlossene Raum«, sagt Smilla.
In ihrer Kindheit habe sie keine geschlossenen Räume erlebt.
Nicht einmal Gefängnisse gebe es in Grönland. So gesehen ist
Dänemark ein großes Gefängnis, ein Alptraum für Klaustro-
phobe. Umgekehrt ist Grönland für die Dänen ein Fenster zur
Welt, eine Alternative zu Europa, ein Abenteuer- und Ent-
deckungsraum, in dessen Weiten sich Männer auf die Probe

stellen konnten, zuletzt Kronprinz Frederik, als er sich für Monate auf eine Hundeschlittenexpedition begab.

Nicht daß *Fräulein Smillas Gespür für Schnee* als Thesenroman über kulturellen Identitätsverlust durch Kolonisierung angelegt wäre – aber vielleicht sind die Passagen, in denen Fräulein Smilla sich zu ihrem schwierigen, wenn nicht unmöglichen Status zwischen den Kulturen äußert, die interessantesten des Romans. »Als man uns aus der Siedlungsschule von Qaanaaq herausnahm«, erzählt sie, »bekamen wir Lehrer, die kein Wort Grönländisch konnten und auch nicht vorhatten, es zu lernen. Sie erzählten uns, daß auf diejenigen von uns, die besser als die anderen lernten, eine Eintrittskarte nach Dänemark, die Zulassung zu einem Examen und damit der Weg aus dem arktischen Elend wartete.« Von »arktischem Elend« habe ich nichts gewußt, ehe ich nach Kopenhagen kam. Wieso sollte denn in Grönland, einem seit nunmehr 25 Jahren mit dem Mutterland durch »home rule« verbundenen Landesteil Dänemarks, soziales Elend herrschen? Einen »goldenen Aufstieg« hatten die Siedlungsschullehrer verheißen, aber es mußte einer auf Dänisch sein. Wer ein guter Däne zu werden bereit war, dem stand der Weg nach Dänemark offen. So instruiert, »kommt man nach Dänemark, es vergeht ein halbes Jahr und man hat das Gefühl, daß man die Muttersprache nie vergessen wird. In der Muttersprache macht man sich seine Gedanken und erinnert sich an seine Vergangenheit. Dann begegnet man auf der Straße einem Grönländer. Man tauscht Phrasen aus. Und plötzlich sucht man nach einem ganz gewöhnlichen Wort. Noch ein halbes Jahr vergeht. Eine Freundin nimmt einen mit zum Grönländerhaus in der Løvstræde. Dort entdeckt man, daß man sein Grönländisch mit dem Fingernagel auseinanderpulen kann.« Aus Grönland abgereist, in Dänemark nie angekommen, so stellt sich die Situation vieler, ja der meisten Inuit im Mutterland dar. Ein Experiment ist gescheitert, und seine Trümmer sind zu besichtigen, wo betrunkene, aber beängstigend friedliche Grönländer auf Bahnhöfen und an Straßenecken herumhängen und mit wenig mehr beschäftigt scheinen als mit der Sicherung ihres Alkoholnachschubs. Soll Fräulein Smilla allein mit der »Kronos« nach Thule fahren, der Auflösung ihres Falles entgegen, wir bleiben in Kopenhagen, bei den Inuit-Frauen und ihrem Leben. Schauen wir ins »Grønlændernes Hus« in der Løvstræde, eine von vier offiziellen Anlaufstellen für Grönländer in Dänemark.

Man kann im Grönländerhaus Sozialberatung oder Rechtshilfe (»Inatsisilerituunit siunnersuifffik«) in Anspruch nehmen; man kommt hierher, um sich Ausstellungen anzuschauen oder Bücher aus der Bibliothek auszuleihen (in den Regalen entdecke ich auch einen Roman namens *Niviarsiaq Smilla apullu*). Eine Mischung aus Kulturhaus und Sozialstation ist das, ein Ort, wo Grönländern von Grönländern geholfen wird und wo sie sich von den Strapazen des Kopenhagener Lebens erholen können – wahrscheinlich sind die Inuit die einzige Bevölkerungsgruppe überhaupt, die von dieser Stadt gestreßt wird. Warum sind sie dann überhaupt hergekommen, fragt man sich, fragt man sie, aber die meisten wissen es selbst nicht so genau. Wahrscheinlich ist Grönland einfach kein guter Ort zum Leben, schon gar nicht, wenn man in einem Wohnsilo am Rand von Nuuk haust und von der Fürsorge lebt, wo noch die Eltern in Zelten lebten und auf Robbenjagd gingen. Es gibt einen beeindruckenden Film über Grönländerinnen in Kopenhagen, er heißt *Inuk Women City Blues*; gedreht hat ihn die Grönländerin Laila Hansen. »Wir haben eine Menge Probleme, wir grönländischen Mädchen«, erzählt da gleich am Anfang ein älteres, beinahe zahnloses und ziemlich mitgenommen aussehendes grönländisches Mädchen. Wenn man ihr und ihren Freundinnen zuhört, die rund um Vesterbros Torv auf der Straße leben und schlafen, sich zur Finanzierung ihrer Alkoholsucht prostituieren und ihre Tageseinnahmen im Café Centralen in der Eriksgade oder gegenüber in Lenes Kro auf den Kopf hauen, dann fällt einem ein Wort auf, das sich wiederholt: Einmal möchten sie »in Frieden« leben, endlich die Schmerzen loswerden, gegen die sie sich mit Alkohol betäuben. Warum sprechen wir nicht endlich einmal über unsere Gefühle, wir Grönländerinnen, fragt eine der Frauen, die eine Entziehungskur hinter sich hat und jetzt Taxi fährt. Warum, fragt sie, behalten wir alles für uns, warum haben wir keine Sprache für uns selbst? Ihre Freundinnen, die noch auf der Straße wohnen, haben eine Sprache. Mit erstaunlicher Offenheit und rührender Schutzlosigkeit reden sie von ihren Niederlagen, vom Suff, vom Entzug des Sorgerechts für ihre Kinder, vom Analphabetismus, von der Prostitution und von den guten Vorsätzen, nach dem Sommer mit dem Trinken aufzuhören. In ihren lichten Augenblicken fragen sie sich, was schon in Grönland mit ihnen derart schiefgelaufen ist, daß sie hier so wehr- und hilflos gestrandet sind. Eine der Frauen erinnert sich an das Leben in Nuuk. 1960 lebten dort 589 Menschen, 2000 waren es 15 000, und in der Zwischenzeit sind all die Orte, wo sie als Kinder Beeren pflückten und Forellen fingen, zugebaut worden. Ein merkwürdiges Leben war das, als auf einmal fließendes Wasser da war und man baden konnte, wann man wollte, als man den Ofen nicht mehr anzuheizen brauchte und für jedes Kind ein eigenes Zimmer zur Verfügung stand. Der Fortschritt hat den Grönländern keinen Frieden gebracht; im Gegenteil, er hat viele von ihnen verwirrt zurückgelassen. Und immerzu der Alkohol. »Ich schlief auf Vesterbros Torv«, erzählt eine andere, »ich fror und fror auf der Kirchentreppe, fast jede Nacht. Wenn das Café Centralen um fünf aufmachte, ging ich dorthin, um mich aufzuwärmen. Ich hatte ja kein Zuhause, mein Leben hieß Frieren auf der Kirchentreppe. Die Kellner gaben mir gratis Essen, ich tat ihnen leid.« Will eine von ihnen zurück nach Grönland? Oder möchten sie in Kopenhagen sterben und eines Tages auf dem Grönländerfriedhof am Vestre Kirkegaard begraben werden. Eines der »Mädchen« hat gerade eine Wohnung bekommen. »Seit ich eine Wohnung habe, geht's mir besser«, sagt sie, »ich will nie wieder weg aus Vesterbro.«

Kapitel 19

Pendler und Passanten.
Ein neuer Blick auf København

> *»Egal wo sie gewesen war, sie liebte es,*
> *heimzukommen nach Kopenhagen. Nie hätte sie*
> *woanders wohnen wollen.«*
> (Katrine Marie Guldager, *København*)

Zu den Privilegien der Schriftsteller gehört es, ihre Stadt zu ignorieren. Wer sagt, daß sie sich ihre Themen, ihre Schauplätze und Inspirationen vor der Haustür besorgen müßten? Inger Christensen etwa, Dänemarks bedeutendste Dichterin, lebt seit Jahrzehnten in Kopenhagen, aber über Kopenhagen könne sie nichts sagen, sagt sie mir. Aber es gebe da doch das vielgelobte neue Buch einer jungen Autorin, das bereits im Titel verrate, worum es in ihm geht: *København*. Katrine Marie Guldager heißt die junge Autorin. Ihr Buch zeigt das gute alte, das gemütliche und gelassene Kopenhagen stark ramponiert.

Ein junger Mann sitzt auf den Treppenstufen am S-Bahnhof Nørreport, und es geht ihm dem Anschein nach nicht gut. Hat er Drogen genommen? Ist er obdachlos, oder warum sonst sieht er so mitgenommen aus? Die Frau mit dem roten Wollschal, die gerade die Treppe hochgekommen ist, hat für ihn nur einen verächtlichen Blick übrig. Oben beim Kiosk ist ihr dann eingefallen, daß sie noch Zigaretten braucht, und während sie in ihrem Geldbeutel nach Kleingeld kramt, fällt ihr die Brille von der Nase. Nun liegt die Brille auf dem Boden und wäre von unachtsamen Passanten zertreten worden, wenn sie ein freundlicher Mann nicht aufgehoben hätte. Wenig später steht die Frau an der Ampel und wartet auf Grün, wobei sie ihr gegenüber eine andere, etwas ältere Frau registriert, die ebenfalls einen roten Schal trägt. Als die beiden sich auf dem Zebrastreifen begegnen, berühren sich für einen Moment ihre Schals. Die ältere Frau geht zum Bahnhofskiosk und kauft dort eine Tüte Bonbons. Während sie ansteht, gerät der junge Mann in ihr Blickfeld. Sie merkt, daß es ihm schlechtgeht, aber sie sagt sich, daß sie zu müde ist, um ihm zu helfen. Ob sie ein paar Kronen übrig habe, fragt der Mann. Nein, das hat sie nicht, und dann geht sie mit schwankendem Schritt – sie fühlt sich unsicher in ihren hohen Stiefeln – die Treppe zur S-Bahn hinunter, wobei ihr einfällt, daß derselbe junge Mann schon neulich da gesessen hatte, als sie mit ihrer Tochter dieselbe Treppe hinunterging. Ein ziemlich dummer Platz, um sich hinzusetzen, findet sie.

Ich bin mit Katrine Guldager am Nørreport verabredet, um mit ihr über ihr Buch zu sprechen, einen schmalen Band mit Erzählungen und einem schlichten, aber ehrgeizigen Titel: *København*. Nørreport ist ein geeigneter Ort für unser Gespräch, denn »Nørreport« heißt die erste Erzählung in ihrem Buch. Es ist die Geschichte von dem jungen Mann auf den Treppenstufen, von den zwei Frauen mit den roten Schals und anderen Passanten am Nørreport. Nørreport ist der größte S-Bahnhof in Kopenhagen (eine Etage tiefer verkehrt neuerdings auch noch die Metro), ein städtischer Knotenpunkt ohne besonderen Charme und Schrecken. Nahverkehrszüge aus allen Himmelsrichtungen löschen hier am Morgen ihre Fracht und lesen sie am Nachmittag wieder auf. Nørreport ist ein Funktionsort, wie es ihn in jeder Großstadt gibt. Sogar eine Art Hochhaus findet man hier, das einzige weit und breit. Was reizt eine Autorin daran, von Nørreport zu erzählen? Dafür muß man sich wohl, wie Katrine Guldager es tut, für das

Unspezifische an Kopenhagen interessieren. Das Typische sei ihr nicht wichtig, sagt sie. Neunzig Prozent von dem, was sie erzählt, könnten überall auf der Welt passieren, zehn Prozent hätten vielleicht näher mit Kopenhagen zu tun. Ob man heute noch einen richtigen »Kopenhagenerroman« schreiben könne, in dem diese Stadt zur Romanfigur wird, einen Roman, in dem die Stadt dämonisiert oder verherrlicht wird wie einst von Herman Bang, von Johannes V. Jensen oder Tom Kristensen, frage ich sie. Sie weiß es nicht. Was sie weiß, ist, daß sie einen solchen Roman nicht schreiben würde.

Warum hat sie, wenn Kopenhagen nur als Allerweltsort in Erscheinung tritt, ihr Buch dann *København* genannt? Ursprünglich, erzählt sie, sollte das Buch »Københavner«, also »Kopenhagener«, heißen, aber dann schien ihr die Nähe zu James Joyces *Dubliners* zu groß. Sie schreibe über Kopenhagen, weil sie nur über Menschen und Verhältnisse schreiben könne, die ihr vertraut sind. In ihren Erzählungen erforscht Katrine Guldager ihre nächste Umwelt. Daß der Name dieser Umwelt Kopenhagen ist, muß nicht viel bedeuten.

Katrine Marie Guldager, Jahrgang 1966, eine von Dänemarks bekanntesten Autorinnen, ist eine heitere und gänzlich unprätentiöse Frau, die nicht dazu neigt, aus ihren Büchern Geheimnisse zu machen. Also verspürt sie auch keinen großen Drang, sich selbst zu interpretieren. Ob sie es nun wollte oder nicht, mit *København* hat sie ein Zeitbild vom heutigen Kopenhagen geschaffen, das ihren Lesern auf Anhieb so vertraut erschien wie die Stadt, in der sie wohnen. *København* ist ein Buch über das unbewußte, nur aus den Augenwinkeln von S-Bahnfahrern wahrgenommene Kopenhagen, über einen Raum, den man als Stadtbenutzer Tag für Tag durchquert, ohne sich darüber Rechenschaft abzulegen. Nicht als Charakter mit menschlichen Eigenschaften ist hier die Stadt präsent, sondern als strukturierte Fläche, auf der wir in unseren alltäglichen Bahnen halbträumend verkehren. Von kleinen und größeren Unglücken des Alltags handeln denn auch diese untereinander kommunizierenden Erzählungen, von einem Zusammenstoß, von einem brutalen Wohnungseinbruch, von Scheidung und Untreue, von einem verpaßten Rendezvous im Tivoli und einer miefigen Bar in Frederiksberg.

Etwas interessiert Katrine Guldager an diesen Allerweltsbegebenheiten besonders: Gibt es noch eine Verbindung zwischen diesen im Stadtraum verlorenen Figuren, gibt es zwischen ihnen noch ein soziales Band? Von welcher Art sind ihre Verbindungen? Schaut man auf die Geschichte von dem Jungen auf den Treppenstufen, dann gibt es solche Verbindungen noch immer. Nicht daß die Figuren miteinander ins Gespräch kämen, aber dann und wann streifen ihre Schals aneinander. Wie einen Tanz hat Katrine Guldager ihre Erzählung in Szene gesetzt, ein flüchtiges Stelldichein von auseinanderstrebenden und zueinander zurückfindenden Personen an einem beliebigen Verkehrsknotenpunkt.

Hier wird unser Gespräch dann doch ein wenig grundsätzlich. Was sie an Kopenhagen mag, habe ich Katrine Guldager gefragt und gesagt, daß mir aufgefallen sei, wie alle Figuren in ihrem Buch, auch wenn sie gerade unglücklich sind oder in der Klemme stecken, auf Kopenhagen nichts kommen lassen. Sie überlegt eine Weile. Kopenhagen, sagt sie, war immer ein Ort, an dem man sich in Gesellschaft, ja in Gemeinschaft fühlte. Ein urbanes Zuhause und doch auch eine große Provinzstadt, wo man Freundschaften pflegen konnte und zugleich doch Raum hatte, wo man seiner Wege gehen konnte. Katrine Guldager, die als Achtzehnjährige aus dem nahen Hillerød zum Studium in die Stadt kam, hat Kopenhagen erlebt wie die meisten anderen: Die Stadt bot Abenteuer und Anonymität, wie sie in der geregelten Welt der dänischen Vorstädte nicht möglich waren, und zugleich ersparte sie einem die Risiken der weiten Welt.

Katrine Marie Guldager (*1966), hier 1998

Wo anders sollte man denn leben, fragt sie. In New York, aber wie sollte man dort dazugehören? Dann schon eher in Berlin, wie es jetzt viele junge Dänen tun. Aber ist es nicht angenehmer, an einem Ort zu leben, wo man seine Muttersprache sprechen kann? So steht es in einer anderen Geschichte aus ihrem Buch, und Katrine Guldager würde diesen Satz unterschreiben.

Kopenhagen hat sich verändert, meint Katrine Guldager. Die alte Mittelklassenwelt ist kollabiert. Die Atomisierung der Milieus schreitet voran. Früher habe man in Kopenhagen, fast wie in einer Kleinstadt, füreinander Zeit gehabt, aber jetzt wird die Zeit knapp. Klar, sage ich, Kopenhagen wird jetzt mit großer Verspätung doch noch eine moderne Stadt, mit allen Problemen, die dazugehören. Müßte nicht einer den Roman des neuen Kopenhagen schreiben, frage ich, sagen wir: das Epos vom Zusammenwachsen der Øresundregion? Wir sprechen über den großen Wenderoman, auf den man in Deutschland so lange gewartet hat oder noch immer wartet. Wenn Herman Bang vor über hundert Jahren in *Stuck* erzählt hat, wie der »moderne Durchbruch« das Gesicht des alten Kopenhagen verändert hat, müßte doch, behaupte ich, jetzt einer davon erzählen können, wie Kopenhagen gerade heute wieder sein Gesicht verändert oder verliert, im Hafen, am Stadtrand und anderswo. Natürlich, sagt Katrine Guldager, aber ich bin Schriftstellerin und keine Journalistin. Bis die Wirklichkeit einmal durch das Verdauungssystem eines Schriftstellers gegangen ist, hat sie sich abermals verändert. Liegt es da nicht näher, einen kleinen Realitätsausschnitt zu begreifen und in Worte zu fassen, etwas, das hier und heute sichtbar wird, zum Beispiel am S-Bahnhof Nørreport?

Schon sehe ich mich versucht, Guldagers Absage ans Lokalkolorit zur Tendenz der neuesten Literatur zu verallgemeinern. Aber das wäre ganz verkehrt. Im Gegenteil, es gibt eine ganze Reihe von jungen Schriftstellern, die sich geradezu leidenschaftlich mit Kopenhagen, ihrer Stadt, befassen. In der Zeitung stoße ich auf ein Interview mit Benn Q. Holm, einem jungen Autor, der sich stolz einen Kopenhagener »Heimatdichter« nennt. In seinem letzten Roman *Frederik Wenzels Rejse* schickt er seinen Titelhelden auf einen städtischen Parcours aus lauter wohlbekannten Schauplätzen (»locations«

nennt man sie jetzt wohl). Wie vormals Herman Bang will auch Holm mit den neuesten städtischen Entwicklungen literarisch Schritt halten: Damals war es der Tivoli, heute ist es die neue Metro oder die große Brücke hinüber nach Malmö. Endlich sei Schluß mit dem Kopenhagener Kleinheitsgebot, mit der ortstypischen Höhenangst, sagt er in demselben Interview, endlich werde auch in Kopenhagen einmal höher als fünf Stockwerke gebaut. Genug mit der zufriedenen Selbstbeschau des kleinen, gemütlichen Kopenhagen, fordert er. Und was statt dessen? Hat etwa Benn Q. Holm den ersten Kopenhagen-Roman des 21. Jahrhunderts geschrieben, die Epopöe der neuen Øresundregion? Nein, so ist es dann noch nicht. Wir öffnen seinen Roman, entdecken darin lauter wohlvertraute Orte und stellen erleichtert fest: Auch bei Benn Q. Holm sieht Kopenhagen der freundlichen Stadt sehr ähnlich, der wir auf unseren Streifzügen begegnet sind.

Literaturverzeichnis

Jahreszahlen in eckigen Klammern verweisen auf das Erscheinungsjahr der Erstausgabe. Die Übersetzungen stammen, sofern nicht anders angegeben, vom Autor dieses Buches.

Andersen, Hans Christian: Fodrejse fra Holmens Canal til Østpynten af Amager i Aarene 1828 og 1829 [1829]. Herausgegeben von Johan de Mylius. København ²2003. (Deutsch: Spaziergang in der Sylvesternacht 1828/29. Übersetzt und eingeleitet von Anni Carlsson. München 1952.)

Andersen, Hans Christian: H. C. Andersens Eventyr. Herausgegeben von Hans Brix und Anker Jensen. 5 Bände. København 1919. (Deutsch: Märchen in 3 Bänden. Übersetzt von Eva-Maria Blühm. Frankfurt am Main 1975.)

Andersen, Hans Christian: H. C. Andersens Dagbøger 1825–1875. 11 Bände. Herausgegeben von K. Olsen und H. Topsøe-Jensen. København 1971. (Deutsch: Tagebücher 1825–1875. Herausgegeben und übersetzt von Gisela Perlet. Göttingen 2000.)

Andersen, Jens: Andersen. En biografi. 2 Bände. København 2003. (Deutsch: Andersen. Eine Biographie. Übersetzt von Ulrich Sonnenberg. Frankfurt am Main 2005.)

Andersen, Jens: Dansende Stjerne – en bog om Tom Krisensen. København 1993.

Andersen Nexø, Martin: Pelle Erobren [1906–1910]. Herausgegeben von Henrik Yde. 3 Bände. København 2002. (Deutsch: Pelle, der Eroberer. Übersetzt von Mathilde Mann. 2 Bände. Würzburg 2002.)

Bang, Herman: Stuk [1887]. København 1996. (Deutsch in: Herman Bang: Ausgewählte Werke in 3 Bänden. Übersetzt von Irma Entner. Rostock 1982. Erster Band, S. 373–636.)

Bang, Herman: Das Frühjahr ist die beste Zeit der »Langelinie« [1882]. Übersetzt von Gisela Perlet. In: Ausgewählte Werke in 3 Bänden, a. a. O. Dritter Band, S. 214–216.

Bjørnvig, Thorkild: Pagten. Mit venskab med Karen Blixen. København 1974. (Deutsch: Der Pakt. Meine Freundschaft mit Tania Blixen. Übersetzt von Gabriele Gerecke. Frankfurt am Main 1993.)

Blixen, Tania: Sidste Fortællinger. København 1957. (Deutsch: Letzte Erzählungen. Übersetzt von Wolfheinrich von der Mülbe u. a. Zürich 1985.)

Brandes, Georg: Søren Kierkegaard. Eine kritische Darstellung [1877]. Leipzig 1992.

Brandes, Georg: Hovedstrømninger i det 19de Aarhundredes Litteratur. 6 Bände. København 1872–1890.

Brennecke, Detlef: Tania Blixen [rororo-Monographien]. Reinbek 1996.

Broby-Johansen, R.: Det gamle København. København 1948.

Ditlevsen, Tove: Barndommens Gade. København 1944. (Deutsch: Straße der Kindheit. Übersetzt von Bernhard Jolles. Frankfurt am Main o. J.)

Enquist, Per Olov: Der Besuch des Leibarztes [1999]. Übersetzt von Wolfgang Butt. München 2001.

Folkehøjskolens Sangbog. Herausgegeben von der Vereinigung der dänischen Volkshochschulen. København [13]1996.

Fontane, Theodor: Kopenhagen [1865]. In: Theodor Fontane: Werke, Schriften und Briefe. München, Wien 1962–1997. Abteilung III, Dritter Band, S. 677–727.

Frayn, Michael: Kopenhagen. Stück in zwei Akten [1998]. Mit zehn wissenschaftsgeschichtlichen Kommentaren. Übersetzt von Inge Greiffenhagen und Bettina von Leoprechting. Göttingen 2001.

Galschiøt, M. (Hg.): Danmark i Skildringer og Billeder af Danske Forfattere og Kunstnere. 2 Bände. København 1893.

Garff, Joakim: SAK. Søren Aabye Kierkegaard. En biografi. København 2000. (Deutsch: Søren Kierkegaard. Biographie. Übersetzt von Herbert Zeichner und Hermann Schmid. München, Wien 2004.)

Gosse, Edmund: To besøg i Danmark, 1872 og 1874 [1911]. København 2001.

Grundtvig, Nikolaj Frederik Severin: Poetiske Skrifter. Herausgegeben von Sven Grundtvig u. a. København 1880–1930. [Die Grundtvig-Übersetzungen auf Seite 104, 108 und 109 stammen von Inga Meincke aus ihrem Buch Vox Viva. Die »wahre Aufklärung« des Dänen Nikolaj Frederik Severin Grundtvig. Heidelberg 2000. Der Abdruck erfolgt mit freundlicher Genehmigung des Universitätsverlags C. Winter.]

Grundtvig, Nikolaj Frederik Severin: Volkheit. Ausgewählt, übersetzt und eingeleitet von Johannes Tiedje. Jena 1927.

Guldager, Katrine Marie: København. Noveller. København 2004.

Handesten, Lars: Alligevel så elsker vi byen. Tolv kapitler af Københavns litteraturhistorie. København 1996.

Hansen, William F.: Saxo Grammaticus and the life of Hamlet. Lincoln (Nebraska) 1983.

Høeg, Peter: Frøken Smillas fornemmelse for sne. København 1992. (Deutsch: Fräulein Smillas Gespür für Schnee. Übersetzt von Monika Wesemann. München, Wien 1994.)

Janz, Curt Paul: Friedrich Nietzsche. Biographie in 3 Bänden. München, Wien 1978.

Jedbo, John: Frederiksberg. Byen og landskabet. København 2001.

Jørgensen, A. D.: 40 fortællinger af fædrelandets historie [1882]. København 1995.

Keel, Aldo: Der trotzige Däne. Martin Andersen Nexø. Eine Biographie. Berlin 2004.

Kierkegaard, Søren: Enten Eller [1843]. 2 Bände. København 1988.

Kierkegaard, Søren: Tagebuch des Verführers. Übersetzt von Helene Ritzerfeld. Frankfurt am Main 1983.

Kierkegaard, Søren: Geheime Tagebücher. Herausgegeben und übersetzt von Tim Hagemann. Frankfurt am Main 2004.

Knudsen, Jørgen: Georg Brandes. Uovervindelig taber (1914–1927). 2 Bände. København 2004.

Kristensen, Tom: Hærværk. København 1930. (Deutsch: Roman einer Verwüstung. Übersetzt von Gisela Perlet. Berlin 1992.)

Lagercrantz, Olof. Strindberg. Übersetzt von Angelika Gundlach. Frankfurt am Main 1980.

Lasson, Frans (Hg.): Karen Blixen. En Digterskæbne i Billeder. Rungstedlund 2000.

Meincke, Inga: Vox Viva. Die »wahre Aufklärung« des Dänen Nikolaj Frederik Severin Grundtvig. Heidelberg 2000.

Metz, Georg (Hg.): Den danske sang. København 2001.

Mortensen, Klaus P. (Hg.): Uden for Murene. Fortællinger fra det moderne gennembruds København. København 2002.

Møller, Jan: Dyrehaven. København 1990.

Mørk, Ebbe: Karen Blixens Gæstebud. Billeder fra Rungstedlund. København 2003.

Nietzsche, Friedrich: Sämtliche Briefe. Kritische Studienausgabe in 8 Bänden. München 1986.

Nørregård-Nielsen, Hans Edvard: Kongens København. En guldaldermosaik. København 1985.

Oehlenschläger, Adam: Digte [1803]. Herausgegeben und kommentiert von Poul Ingerslev-Jensen. København 1979.

Ornø, Sven: Good Night, Sweet Prince. Godnat, Min Prins. Hamlet – Kronborg 1816–1996. Helsingør 1996.

Shakespeare, William: Hamlet, Prince of Denmark. In: The Illustrated Stratford Shakespeare. London 1982, S. 799–832.

Schrøder, Jørgen: Historier fra Assistens. En kulturhistorisk billedbog. København 2003.

Schwesig, Bernd-Rüdiger (Hg.): Reise Textbuch Kopenhagen. München 1989.

Sonnenberg, Ulrich: Hans Christian Andersens Kopenhagen. Ein Reise- und Lesebuch. Frankfurt am Main 1996.

Thurman, Judith: Tania Blixen. Ihr Leben und Werk. Übersetzt von Barbara Henninges und Margarete Längsfeld. Stuttgart 1989.

Tudvad, Peter: Kierkegaards København. København 2004.

Turèll, Dan: Et forfatterskab i udvalg. Herausgegeben von Asger Schnack. København 1994.

Turèll, Dan: Dan Turèll i Byen. Greatest Hits. Ausgewählt von Peter Bundgaard. København 1997.

Bildnachweis

akg-images: 77, 93, 116, Vorsatz/Nachsatz (Guckkastenbild Kopenhagen, Kupferstich, 18. Jahrhundert)

Det Kgl. Bibliotek/Gyldendal: 12

Gyldendal Billedbiblioteket: 105

Elisabeth Rønde Kristensen: 173 (Abdruck mit freundlicher Genehmigung des Gyldendal Verlages)

Odense Bys Museer: 21, 24

Rie Nissen: 49

picture-alliance / dpa: 41 (Polfoto Erik Petersen), 58 (Polfoto Knud Jacobsen), 61 (Polfoto Erik Friis), 67 (Polfoto), 75 (Polfoto), 85 (Polfoto), 112 (Polfoto), 115 (Erwin Elsner), 127 (Polfoto Perjesi Nicolai), 135 (Polfoto), 139 (Polfoto Erik Petersen), 146 (Polfoto Bernild Bror), 164 (Polfoto Morten Langkilde)

Stiftung Archiv der Akademie der Künste, Berlin: 153

Personenregister

Kursiv gestellte Seitenzahlen verweisen auf Abbildungen.

182

Ortsregister

Rüdiger Görner
Londoner Fragmente
Eine Metropole im Wort
Literarische Streifzüge
200 Seiten mit zahlreichen
s/w-Abbildungen und
zwei Registern. Gebunden
ISBN 3-538-07171-3

Auf zehn Streifzügen durch
die interessantesten Stadt-
viertel Londons entfächert
Rüdiger Görner sein literarisches Panorama der britischen
Hauptstadt: Shakespeare, Heine und Hogarth am südlichen
Themseufer in Southwark, Virginia Woolf und Lady Ottoline
Morell in Bloomsbury, Blake und Trollope in Westminster, die
Carlyles in Chelsea, John Keats im schönen Hampstead, Bacon
und Hanif Kureishi in den Londoner Suburbs und viele andere.
Leicht und klug erzählt entsteht ein bestechendes Porträt, das
Stadt, Literatur und Geschichte zu neuem Leben erweckt.

»Ein virtuos erzähltes Buch.«
Frankfurter Allgemeine Zeitung

Die Reihe Literarische Streifzüge wird fortgesetzt.

Artemis
&Winkler

Georg Stefan Troller
Dichter und Bohemiens
Literarische Streifzüge
durch Paris
240 Seiten mit zahlreichen
s/w-Abbildungen und
zwei Registern. Gebunden
ISBN 3-538-07149-7

Vor über 40 Jahren berichtete
Georg Stefan Troller zum
ersten Mal aus der berühmten Kulturmetropole – seine »Pariser Journale« sind legendär.
Abermals macht sich der Fernsehjournalist, Dokumentarfilmer
und Autor nun auf den Weg und durchstreift die Stadt auf den
Spuren der großen Dichter und Künstler. Entstanden ist ein eindrucksvolles Porträt, das von den aufregendsten Orten, Büchern
und Menschen anekdotenreich und atmosphärisch erzählt.

»Trollers literarische Streifzüge sind die Fortsetzung des
›Pariser Journals‹ mit den Mitteln der Erinnerung.«
Süddeutsche Zeitung

»Es ist das beste Buch über Paris dieser Art, das es gibt.«
Gero von Böhm

Die Reihe Literarische Streifzüge wird fortgesetzt.

Artemis
&Winkler